福井発 オモシロ漢字教室

作って遊べる、ずっと学べる
パズルとゲーム

はじめに

「漢字の世界は、不思議で楽しくおもしろい」

いまから三千年以上前の古代中国で生まれた古代文字（甲骨《こうこつ》文字や金文《きんぶん》といいます）。かつてはあまり見る機会もなく、さほど関心もありませんでしたが、白川文字学に出会って目にする機会が増え、いろいろな古代文字を見ているうちに、その形のユニークさと成り立ちのおもしろさにすっかり魅了されてしまいました。この漢字の古代文字はどんな形をしていたのか、どんな成り立ちで、昔はどういう意味をもっていたのか、そんなことに興味をもって調べているうちに、いつの間にか夢中になってしまっていたのです。

そうした成り立ちや意味などについて、福井県出身の白川静《しらかわしずか》博士は、甲骨文字や金文を研究し、古代人の生活や意識にまで踏みこんで、系統的に漢字の成り立ちを解釈されました。「白川文字学」とよばれます。

福井県では、白川文字学を活用した漢字学習に取り組んでいます。県内の公立小学校では平成二十年度から、「見て、書いて、覚えて」といったこれまでの単調な漢字学習にはなかった、古代文字を使って漢字の成り立ちや関連性を知る新しい学習方法を取り入れています。

古代文字の形には、神や自然と共に生きていた当時の人びとの暮らしのようすが表れています。具体的には本書をご覧いただけたらと思いますが、これまでになかった授業をおこなうことで、子どもたちの想像力をかきたて、よりいっそう子どもが文字に興味をもつことにつながっています。ある児童（四年生）は、「ふつうの漢字だと、ただその漢字を見せられて、書いて覚えるけど、古代文字は意味を知って、想像して漢字を書くから、楽しく勉強することができる」と素直な感想を表しています。

県民のみなさんにも漢字について深く楽しく知っていただくために、講演会や講座、「漢字あそび大会」などのさまざまな取り組みをおこなってきており、わたしは四年間その担当をしてきました。

いろいろな講座を拝聴し、自分なりに勉強してわかった楽しさやおもしろさをほかの人たちにも伝えたくて、親子向けの漢字教室や先生向けの講座などを開催し、講師として話す機会も増えました。講座では、漢字の成り立ちや意味を説明したり、古代文字と常用漢字を結びつけるクイズをしたりしています。参加される方は、子どもから大人までさまざまですが、漢字のもともとの意味や成り立ちを知り、それまで知らなかった漢字の世界に驚嘆し、古代文字の魅力にとりつかれる人たちが増えてきています。

また平成十九年より、県の主催で、常用漢字を使ったいろいろな漢字カードゲームやクイズを体験する「漢字あそび大会」を年に数回、開催しています。そこで使用する漢字カードゲームは、『漢字がたのしくなる本 ワーク』シリーズ（太郎次郎社エディタス）を参考に、アレンジして作っています。たいへん人気のあるイベントで、毎回多くの方が楽しみながら挑戦しています。

この本では、いままでおこなってきた講座から、人気の高い漢字あそびを中心に紹介しています。漢字がもつその不思議さや楽しさ、おもしろさを感じていただけたら幸いです。

また、ご家庭や学校などで遊べる内容が豊富に盛りこまれていますので、ぜひご活用いただきたいと思います。

◎本文中、楷書左下の❶〜❻は小学校の配当学年です。
㊥は中学校の学習漢字、★は常用漢字外であることを表しています。
◎本書にある甲骨文・金文などの古代文字は、白川静『字通』（平凡社）より、許可を得て転載しています。

目次

プロローグ

漢字の成り立ちと生い立ち

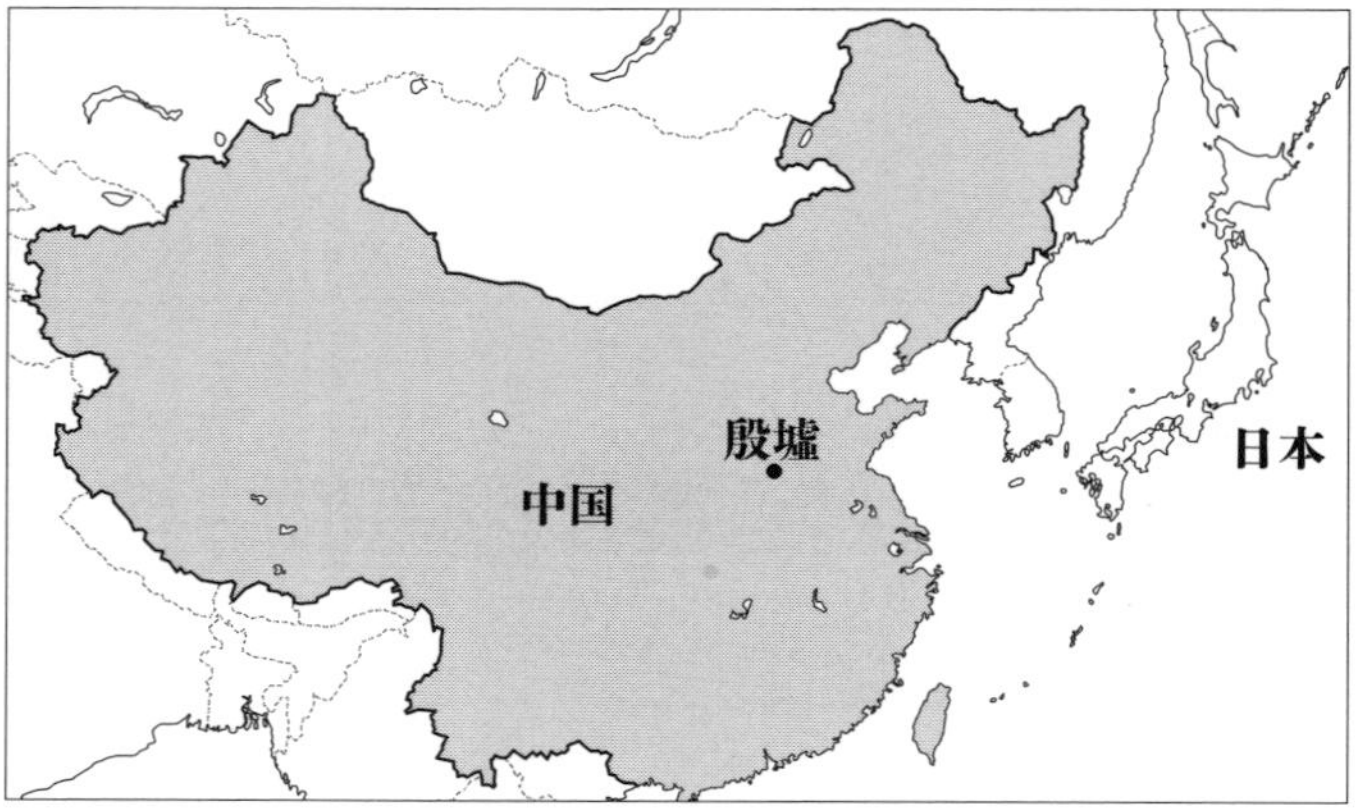

●―漢字のはじまり

漢字のはじまりは、ものごとのようすを絵のようにうつしとって形に表した象形文字でした。そのなかでも最初の文字を「甲骨《こうこつ》文字」といいます。

「甲骨文字」は、いまから約三千年以上前、中国の殷《いん》（商）の時代につくられましたが、その遺物は長いあいだ土の中に埋まっており、だれもその存在を知りませんでした。

三千年もの時を経て、一八九九年、殷王の墓室から、亀甲《きっこう》（亀の腹の甲）と獣骨《じゅうこつ》（おもに牛の肩甲骨）が発見されます。そこには文字が刻みこまれていました。いまから約百年ほどまえのことです。研究の結果、この文字が、漢字の最初の形であるということがわかったのです。

「甲骨文字」（亀甲獣骨文字）は、おもに占いのために、亀の甲や動物の骨に文字を刻みつけたことから、こう呼ばれます。

なぜ「漢字」というのでしょうか

「漢」という字は、中国最大の河川・長江の最大の支流である「漢江」を表す字です。

いまから約二千二百年前に、漢江流域の漢の地方の王（劉邦）が中国全土を統一して、漢王朝をうちたてました。漢の時代は、前漢・後漢をあわせて約四百年のものあいだ続いた、中国の歴史上代表的な時代です。現在の中国の人口の九〇％以上を、漢民族（漢族）という漢の時代の人びとの子孫が占めています。漢民族が話す言語を書くための文字という意味から「漢字」というのです。

＊参考――『白川静博士の漢字の世界へ』（福井県教育委員会編・発行）

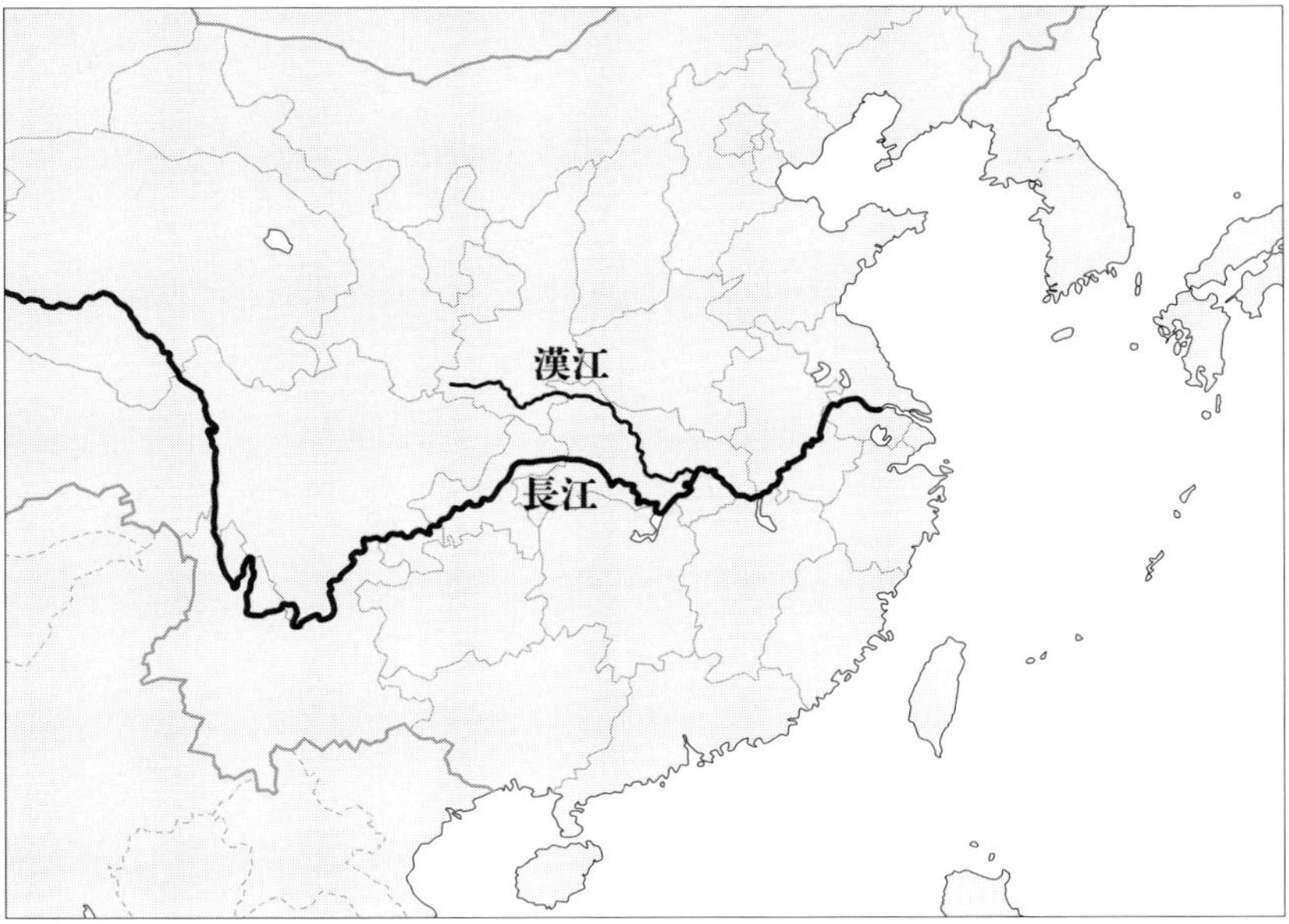

●――三千年前の古代文字

【甲骨文字】

三千三百年ほどまえの殷（商）の時代、亀甲や獣骨に小さな穴を開け、熱した青銅製の棒を穴に差し込んでひび割れを作り、その形で王が吉凶を占いました。占いのために刻み込んだ文字が甲骨文字で、硬い面に刻むので、細くてまっすぐな線の文字です。占いの結果は、神様の声（お告げ）と信じられていました。占う内容は、王への災いや収穫の有無、軍事行動の成否、天候など、国家の運営や王の身に関わるものでした。

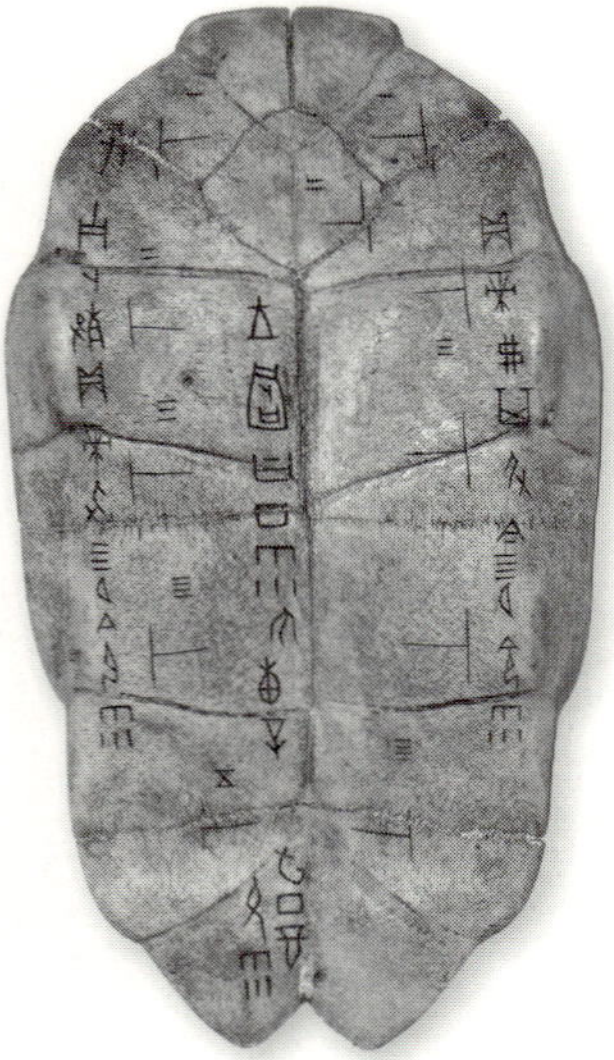

亀甲に刻まれた文字

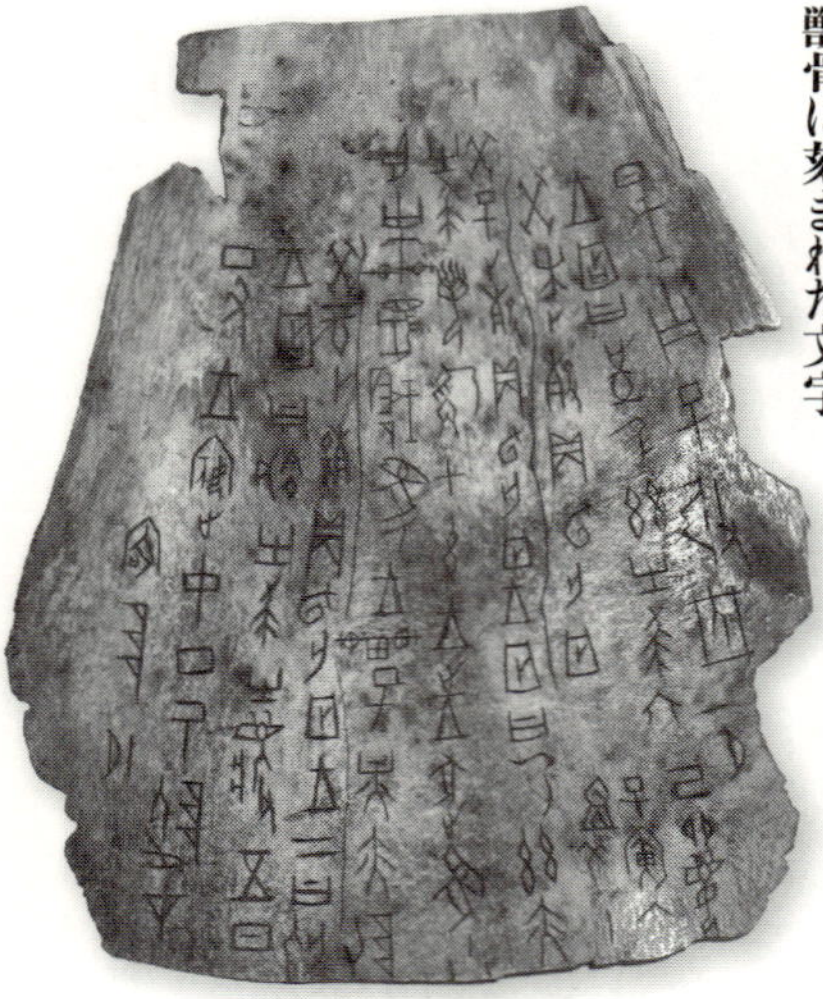

獣骨に刻まれた文字

写真右――亀甲の左側に「帝は四月になったら雨を降らせるだろうか」、右側に「帝は四月になっても雨を降らせないのだろうか」と文字を刻み、占いをおこなっています。中央に「丁の日に雨が降るだろう」と、王が判断を下した占いの結果が書かれており、下部に「王の判断どおり、丁酉の日に雨が降った」と記されています。

【金文】

金文《きんぶん》とは、約三千百年ほどまえに生まれた文字で、殷（商）・周時代に作られた青銅器の内側に鋳《い》込まれた文字のことです。「金」とは、銅あるいは青銅を表します。柔らかい粘土などの鋳型《いがた》に刻み込んだ金文は、肉太で曲線的な文字です。

殷・周の人びとは、官職に任命されたり、戦いに勝って王から褒《ほう》美《び》をもらったりすると、そのことを青銅器に記録しました。また、重要な契約事項は鼎《かなえ》に記録して保存しました。

鼎《かなえ》

盤《ばん》

写真は福井県立図書館より

漢字の生い立ち

約三三〇〇年前
甲骨《こうこつ》文字

殷の時代のもので、一八九九年に遺跡から発見されました。

約三一〇〇年前
金文《きんぶん》

殷・周の時代のもので、青銅器の表面に鋳込まれました。

約二八〇〇年前
籀文《ちゅうぶん》（大篆《だいてん》）

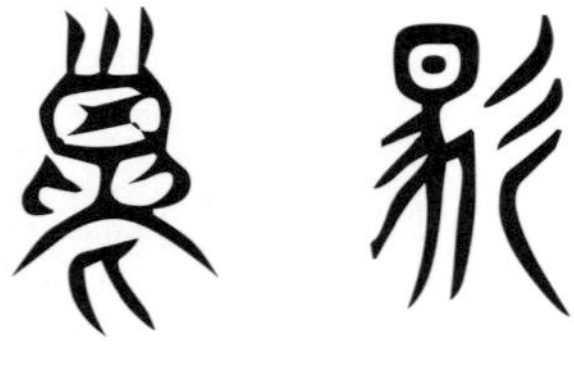

西周の宣王に仕えた太史（書記官）・籀《ちゅう》が作ったといわれています。

約二二〇〇年前
篆文《てんぶん》（小篆《しょうてん》）

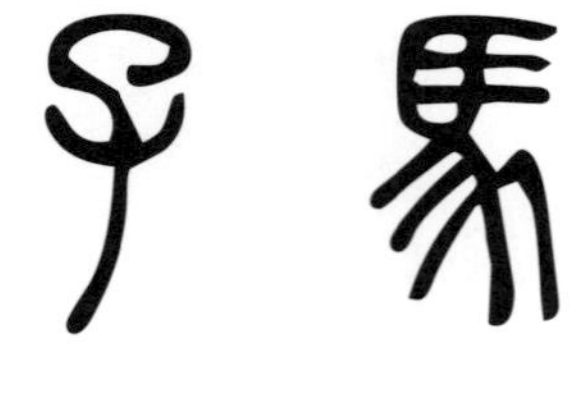

秦《しん》の時代に始皇帝が作らせた文字です。

約二〇〇〇年前
隷書《れいしょ》

篆書（篆文の書体）から生まれ、漢の時代に正式書体として使われました。

約一八〇〇年前
楷書《かいしょ》

漢の時代の末期に生まれました。学校ではこの書体を使って学習しています。

◉篆文《てんぶん》（小篆《しょうてん》）

1万円札（うら）

1万円札（おもて）

発券局長《はっけんきょくちょう》

総裁之印《そうさいのいん》

◉身近にある昔の漢字

篆文は、いまから約二千二百年前、中国の秦《しん》の時代にできた文字です。全国共通の文字として書きやすくするために、簡単な形で表され、ものごとの形やようすなどを表した「甲骨文字」や「金文」の形とは変わってきました。

現在の日本でも、印鑑などの書体として使われることがあります。一万円札などの紙幣の表と裏側には、印鑑で押したように見える篆文が印刷されています。それぞれ「総裁之印」「発券局長」と読みます。

◉──漢字の広がりといま

中国で生まれた漢字は、朝鮮、ベトナム、日本などに伝わりました。

ベトナムでは、漢字に基づいた独特の文字「字喃（チュノム）」を発明しましたが、十九世紀末にフランスの植民地になって以後、クォックグーと呼ばれるローマ字表記法の普及が進み、その文字は廃れてしまいました。

朝鮮では漢語の流入も多く、漢字が長く使用されていましたが、北朝鮮では、一九四九年に漢字が全廃されてハングルのみとなり、韓国でもハングル化の傾向が著しく、漢字はあまり使われていません。

中国でも、一九五五年頃から字体の簡略化（簡体字の使用）がおこなわれており、台湾や香港など一部の地域で使用されている「繁体字」とよばれる漢字が、現在のところもっとも原型に近い漢字です。

中国 簡体《かんたい》字	台湾《たいわん》、香港《ほんこん》、マカオ 繁体《はんたい》字	日本 旧字
发	發	発（發）
广	廣	広（廣）
气	氣	気（氣）
对	對	対（對）

昔の漢字（篆文）

日本では、漢字で日本語の音を書き表すために万葉仮名が作られたり、漢字をもとにして平仮名や片仮名が作られたりしました。また、「畑」「働」「峠」など国字といわれる漢字も新しく作られました。

現在、日本語を書き表すには、漢字とひらがなを交えて書く「漢字仮名交じり文」が使われています。また、日本で使う漢字には音読み（中国から伝わってきた読み方で、それだけでは意味がわからない）と訓読み（日本独自で作った読み方で、それだけで意味がわかる）という二種類の読み方があることが、他の漢字を使う国や地域との大きな違いです。

日本でいま使われている漢字も、繁体字に比べて簡略化されています。昭和二十一（一九四六）年に内閣告示された当用漢字表で新たに制定されたものです（新字体）。それ以前は、繁体字に似た字体が使われていました。「旧字体」とよばれます。

Column

古代世界を解き明かす 白川静文字学

白川静博士は、甲骨文字や金文を研究し、これまで通説であった後漢の許慎《きょしん》が著した『説文解字《せつもんかいじ》』（紀元一〇〇年の著）とは違う解釈をふくむ漢字の成り立ちや文字の系列を発表しました。それは、古代中国の人びとの生活のようすやものの考え方などをとおして、漢字のもともとの意味を読み解くものであり、博士が打ち立てたこのような新しい学説を「白川文字学」といいます。

白川文字学のなかでとくに有名なのが、𠙵《サイ》字説（載書《さいしょ》字説）です。「口」のつく漢字のなかには、「くち」という意味だけでは字の成り立ちが説明できないものや、矛盾が生まれるものが数多くあると気づいた博士は、古代の人びととの暮らしをもとに、「口」の部分を神にささげる祝詞《のりと》を入れる器の形と読み解きました。

たとえば、「名」という漢字について、許慎は「夕」と「口」から構成されているとし、暗い夜（夕）には相手の顔が見えないから、口で自分から名乗ると説明しました。それに対して、博士は、「夕」（肉の省略形）と「𠙵《サイ》」から構成されているとし、神に祭肉（夕）を供え、祝詞をあげて子どもの成長を告げる儀式をおこない、そのときにつけたのが「名」であると説明したのです。

「口」の形をもつ告・右・言・知・兄・可……などの字もみな、𠙵《サイ》によって説明がつきます。このように、博士が𠙵《サイ》を神にささげる祝詞を入れる器の形と読み解いたことにより、これまで疑問をもたれていた多くの漢字の成り立ちや系列が明らかになりました。

またほかにも、「示」を神に捧げものをするためのテーブルと解釈した祭卓《さいたく》説（示・祭・社……）や、「文」を入れ墨と解釈した文身説（文・産・顔……）、「力」を筋肉ではなく農具のすきと解釈したすき説（力・男・助……）などの新しい字説を打ち立てました。

白川文字学は、漢字のもともとの意味を読み解き、古代人の生活やものの考え方をいきいきとよみがえらせたのです。現在、その著作は中国語や韓国語に翻訳され、海外でも出版されています。

白川静博士は一九一〇年、福井県福井市生まれ。『字統』『字訓』『字通』（いずれも平凡社）の字書三部作のほか、著書多数。二〇〇四年、文化勲章受賞。二〇〇六年没。

I

漢字は遊びで学べる

1章 古代文字クイズで漢字の世界へ

漢字はむずかしくてイヤ……。そんなイメージを一変させてくれるのが、「古代文字クイズ」です。人や動物やものごとを絵のようにかいた三千年前の古代文字に、子どもたちの漢字への興味や関心がぐっと高まります。

まずは準備体操！

これ、なーんだ？

古代文字を大きく見せて、いまの漢字を当てっこします。導入にぴったりのクイズです。

①これ、なーんだ？

★横から見たところです。

②これ、なーんだ？

★長髪の人を横から見た形。

③これ、なーんだ?

★手に持つすずの形。これを鳴らして……?

④これ、なーんだ?

★空からなにかが……。

形だけではむずかしいものは、ヒントを出しながら進めます。答えは23ページを見てください。

⑤これ、なーんだ？

★体の一部です。

⑥これ、なーんだ？

★酒だるに人が近よって……。

【答え】

①

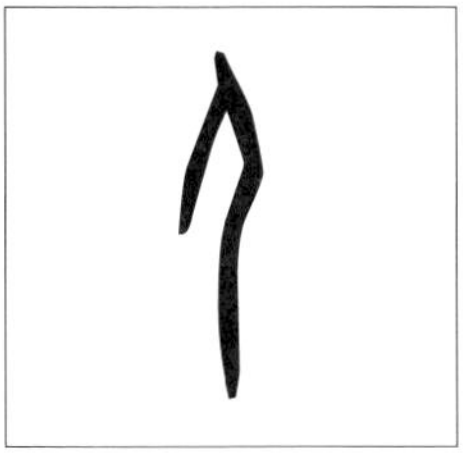

人

❶

②

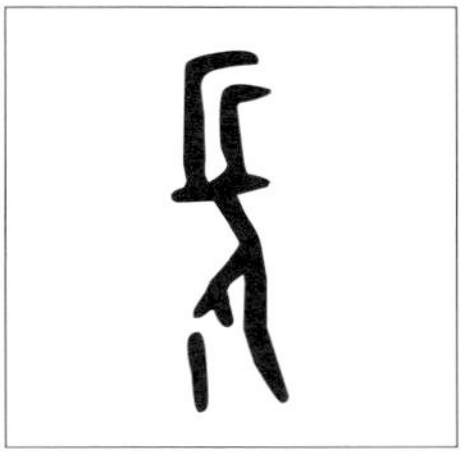

長

❷

③

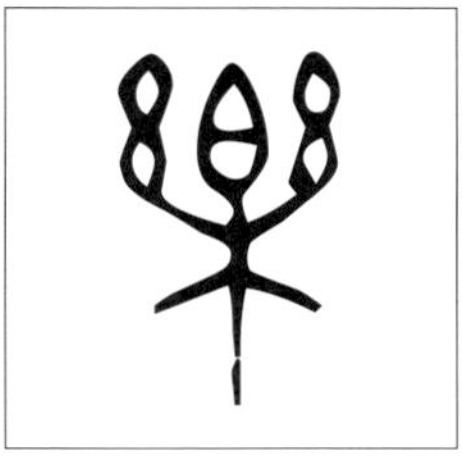

楽

❷

④

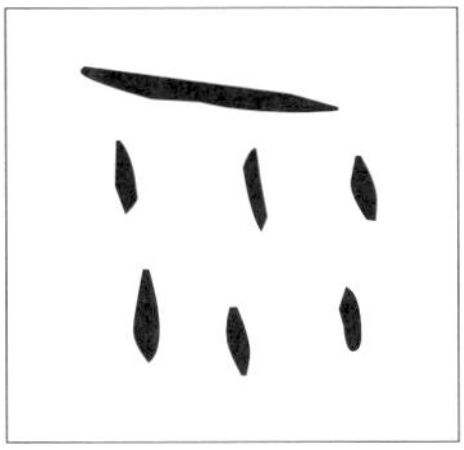

雨

❶

⑤

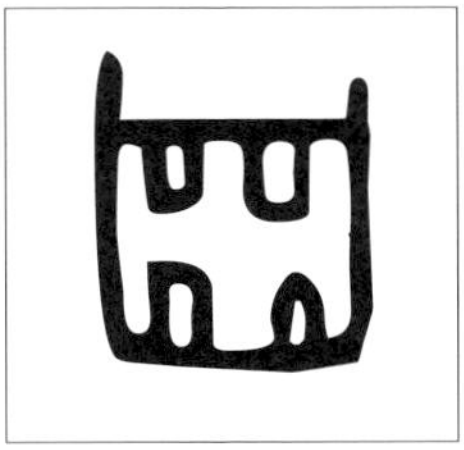

歯

❸

⑥

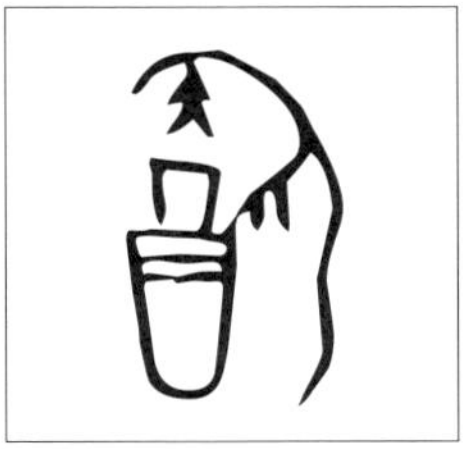

飲

❸

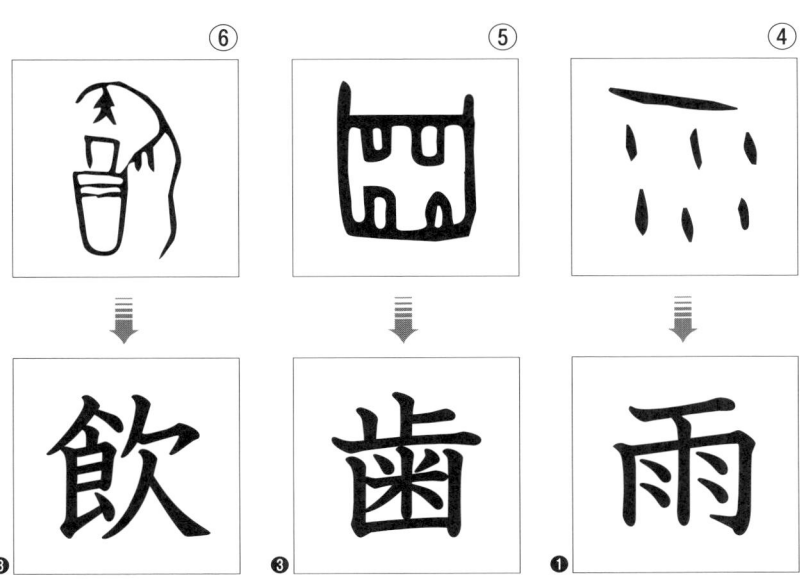

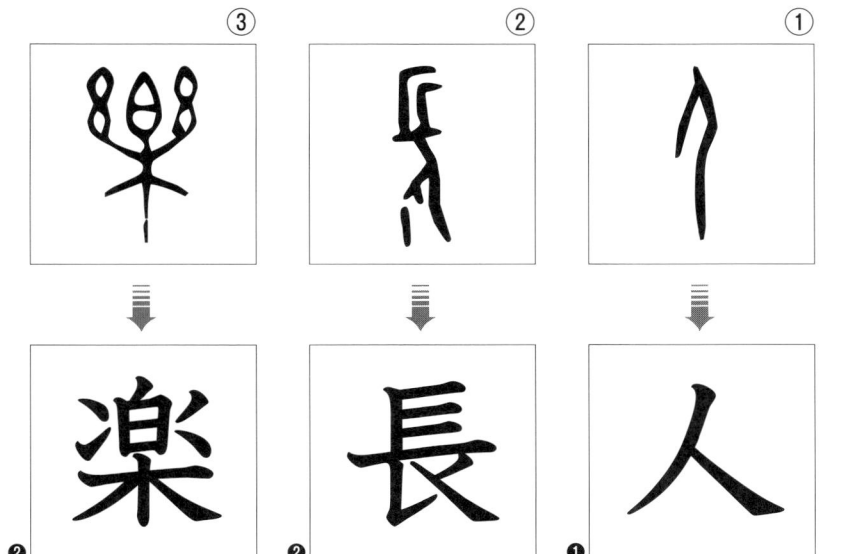

みんな大好き！

動物漢字クイズ

子どもからおとなまで人気のクイズです。古代の人は、どのように動物を見ていたのでしょう？

楷書と古代文字を線で結びます。習っていない漢字でも、写真を見て推理できます。

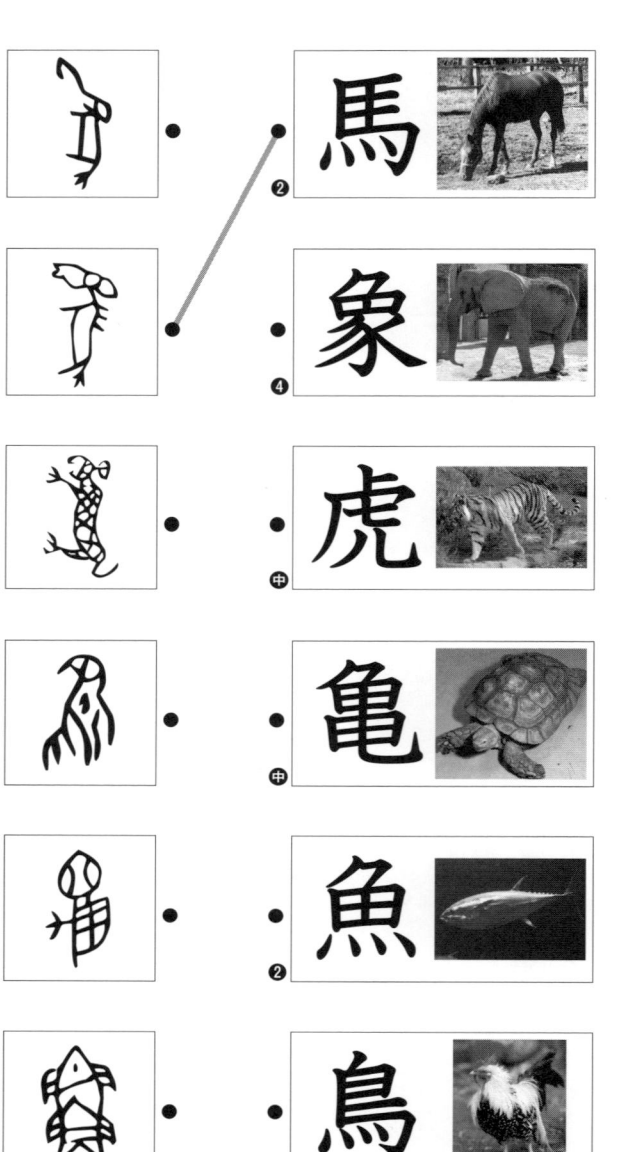

馬 ❷

象 ❹

虎 中

亀 中

魚 ❷

鳥 ❷

答え：上の古代文字から順に、象、馬、虎、鳥、亀、魚

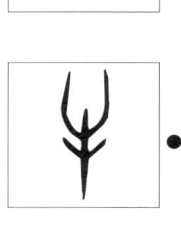

【ヒント】「牛」と「羊」は似ています。「犬」「豚」「兎」が難関です。

 ● ● ❶ 犬 

 ● ● ★ 兎 

 ● ● 中 豚 

 ● ● ❸ 羊 

 ● ● 中 鹿 

 ● ● ❷ 牛 

答え：上の古代文字から順に、鹿、兎、犬、豚、羊、牛

こうした変化を経て、いまの字形になりました。

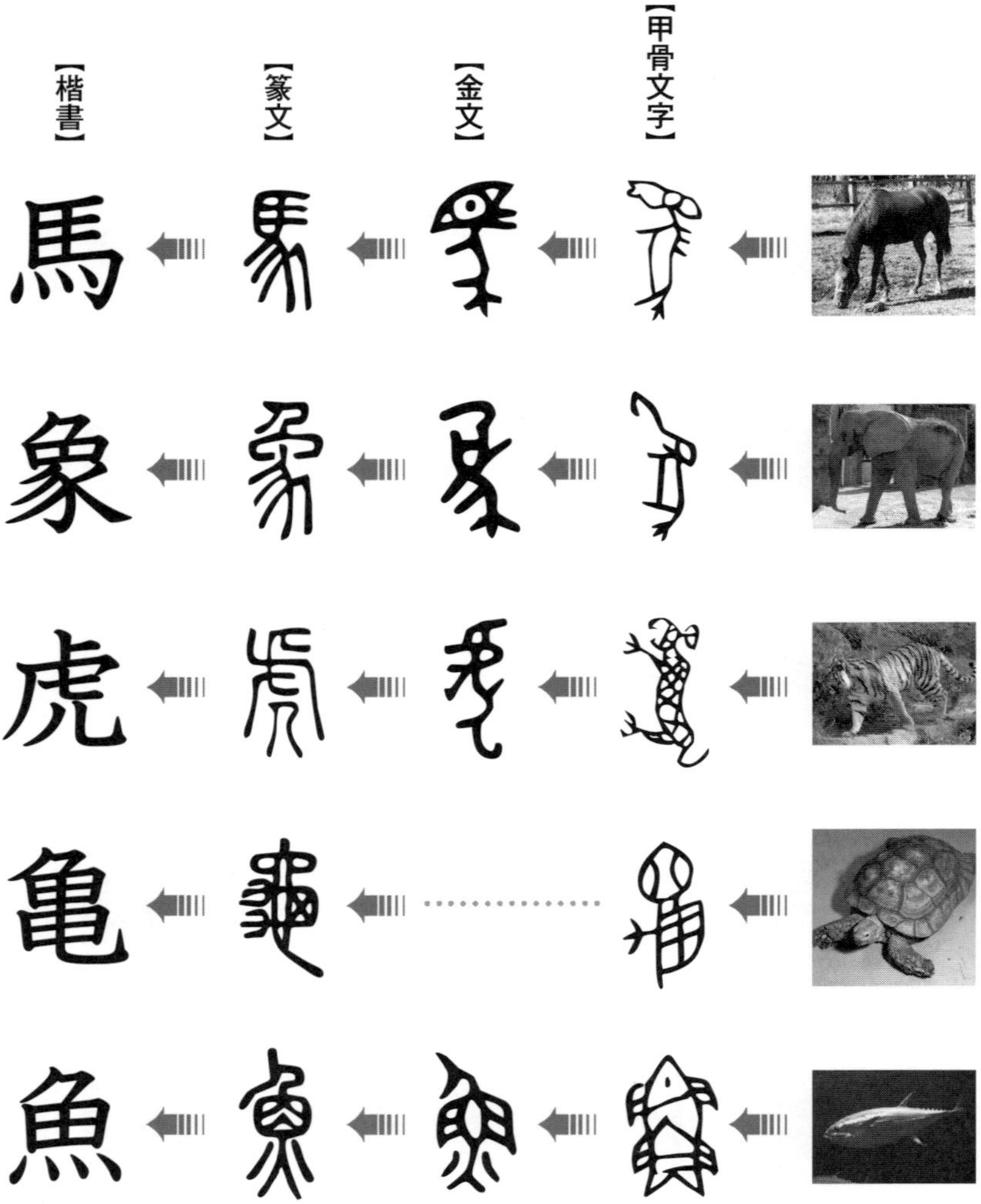

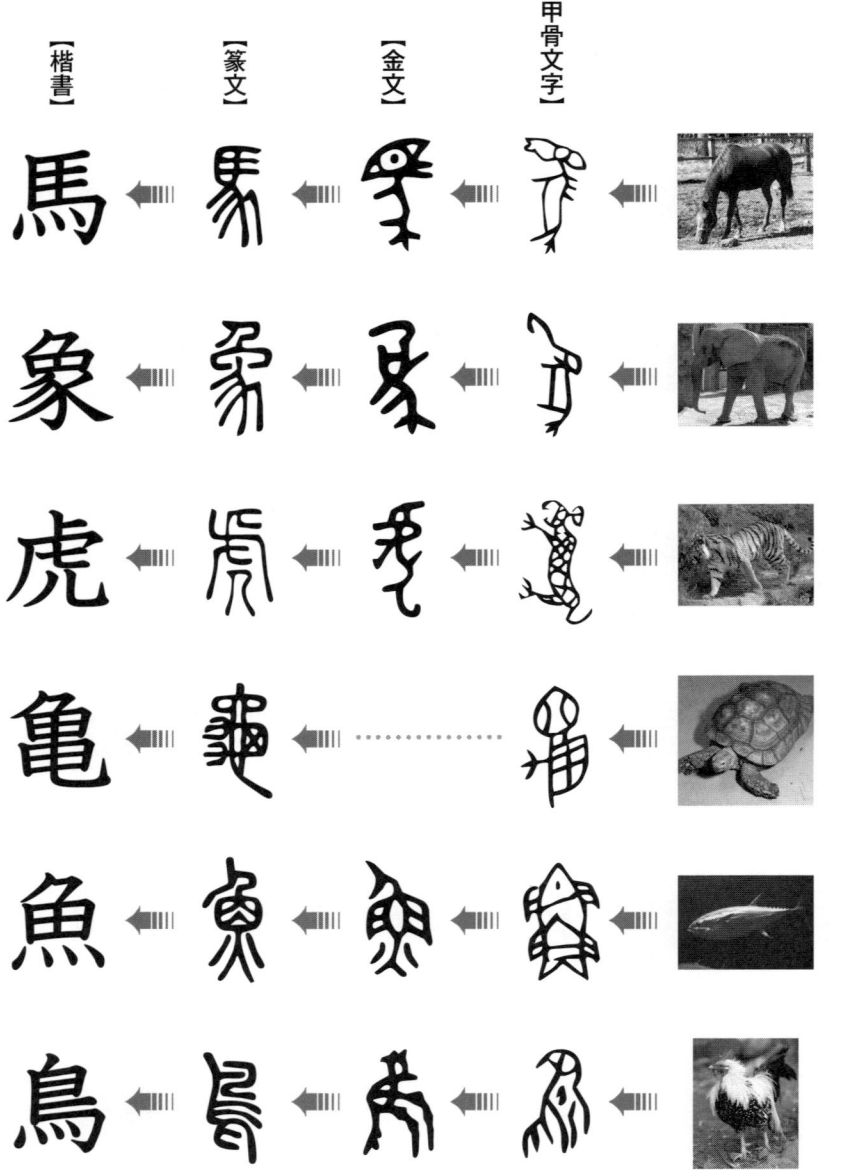

【甲骨文字】
【金文】
【篆文】
【楷書】
犬
兎
豚
羊
鹿
牛

へぇーとおどろく

数の漢字クイズ

一

ふだんなにげなく使っている漢数字にも、意外な成り立ちが……。

「一」から「三」までの成り立ちは、算木《さんぎ》という数え棒を並べて数を表しています。

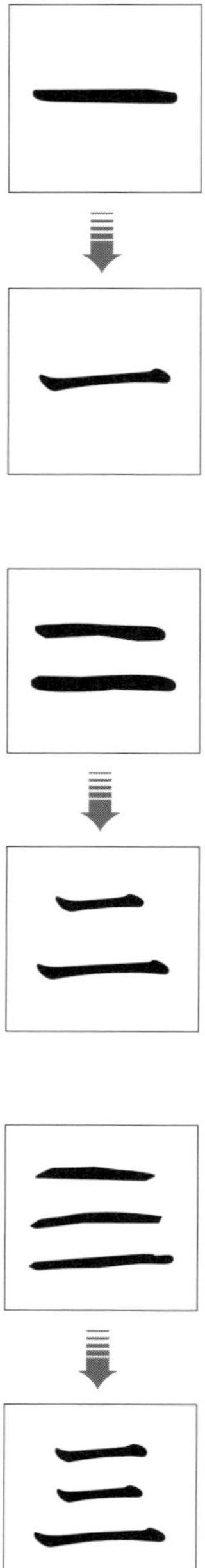

「四」も、はじめは算木の数で表していました。
のちに、数そのものには関係なく、同じ音の文字をかわりに使うようになりました。

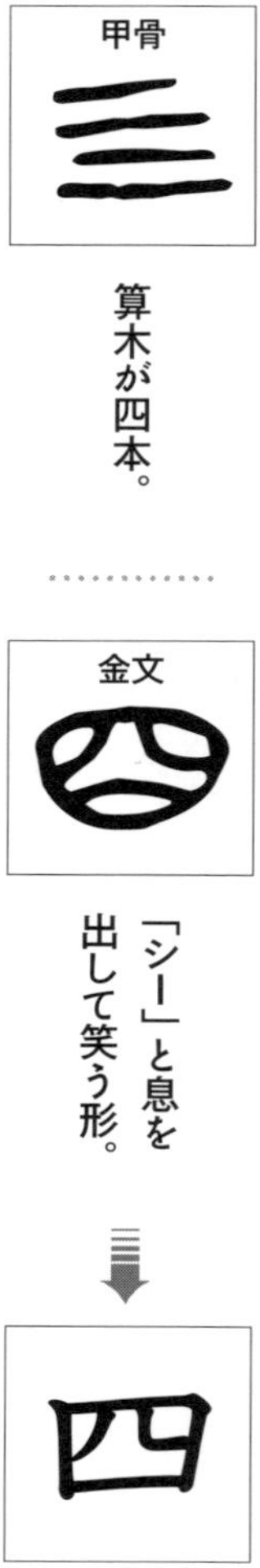

算木が四本。

「シー」と息を出して笑う形。

「五」から「九」も、「四」と同じく、同じ音の文字を借りて使っています。
意外な成り立ちについては、クイズで考えてみてはいかがでしょうか。

Q. いまの漢字と古代文字を線で結んでみましょう。

五

六

七

八

九

十

切りとられた骨の形

竜の形

二重になったふたの形

小さなテントの形

数え棒を縦にして●をくわえた形

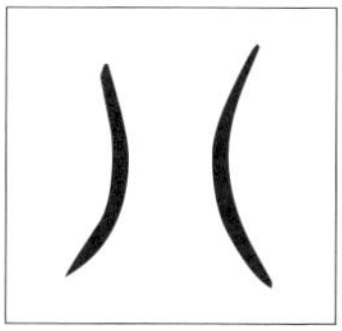

右と左にものが分かれる形

答え：上の古代文字から順に、七、九、五、六、十、八

「切」は「七+刀」で、骨を切ること。「分」は「八+刀」で、左右に切り分けること。「半」は「八+牛」で、牛をふたつに分けること。

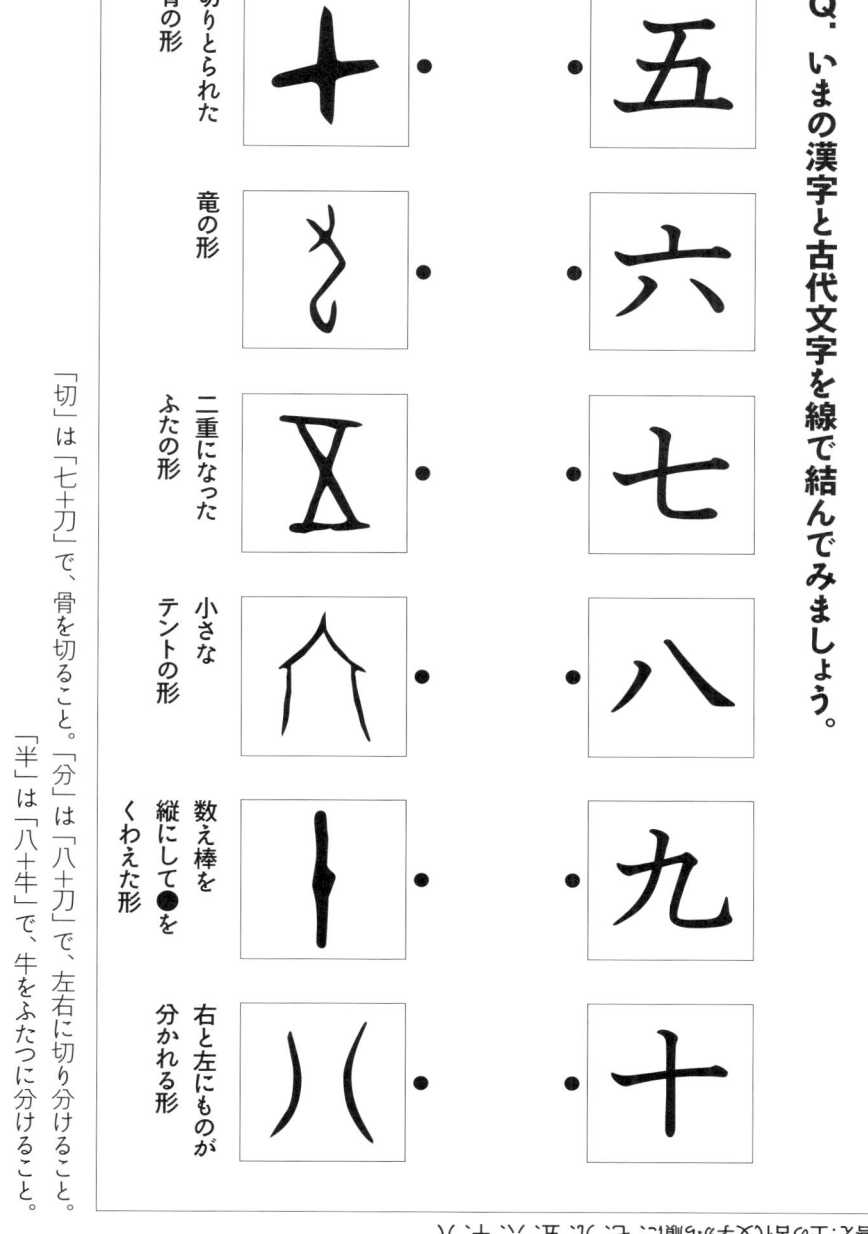

漢字探偵になろう！

推理ゲーム

形とヒントから、いまの漢字を推理。
漢字どうしのつながりも、
古代文字から見えてきます。

推理ゲームで成り立ちを考えます。グループどうしで謎解きを競うと盛り上がります。

【Q1】

草が芽を出し、
育つ形をあらわしています。
いまの漢字はなんでしょう？

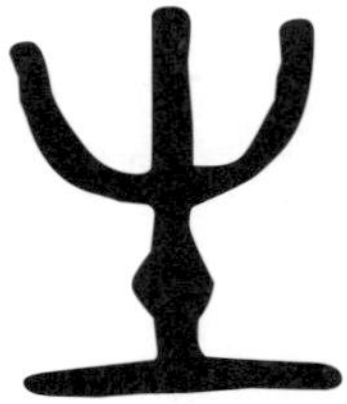

答えは「生」。草が芽を出し育つことから「うまれる、うむ、そだつ、いきる、いのち」という意味となりました。

【Q2】

大きな交差点。十字路です。
いまの漢字は？

答えは「行」。大きな道が交差している形で、人が行くところなので、「いく」という意味となりました。

【Q3】

「水」の古代文字は、こうした字です。

甲骨文字

金文

水

では、つぎの古代文字は、なんの字でしょう？

甲骨文字

金文

？

答えは「川」。金文は三つの筋になって流れる水の形で、勢いよく流れる水の流れを表しています。甲骨文字は左右に岸辺が見られます。

【Q4】

「足」の古代文字は、こうした字です。

甲骨文字

金文

足

下の部分の→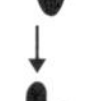は、足あとの形。

では、つぎの古代文字は、なんの字でしょう？

甲骨文字（これで一文字です）

？

答えは「歩」。左足の足あとと右足の足あとを組み合わせて、「あるく」という意味となりました。

【Q5】

「女」という字は、体の前で手を組んでひざまずいている女の人の姿からできた文字です。

女

では、この古代文字はなんの字でしょう？

？

答えは「母」。つけ加えられている二つの「丶」は乳房を表しています。胸に乳房のある女性の形です。

【Q6】

「門」は、両開きのとびらの形からできた文字です。

門

では、この古代文字はなんの字でしょう？

？

答えは「戸」。片開きの扉の形で、「とびら、いえ」の意味に使われます。

【Q7】

「火」は、燃え上がっている火の形からできた文字です。

火

では、この古代文字はなんの字でしょう?

?

答えは「山」。高い山々が連なっている形で、「やま」を表しています。「火」とよく似ていますが、こちらは底の線がまっすぐです。

【Q8】

いまは「虫」の形をもつ漢字ですが、最初は鳥の姿で書きあらわしていました。この鳥が ? を起こすと、昔の人は考えていたのです。神聖な鳥である鳳《ほう》(ほうおう)の形です。

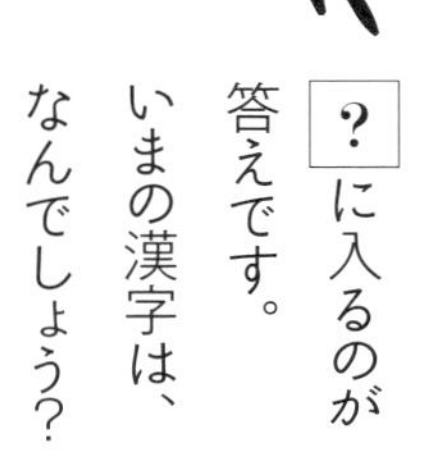

? に入るのが答えです。いまの漢字は、なんでしょう?

答えは「風」。のちに風は、竜の姿《すがた》をした神がおこすものと考えられるようになり、「虫」(竜をふくむハチュウ類)の字が入りました。

【Q9】

もともと「鼻」の意味で使われていた漢字は、つぎのうち、どれでしょう？

① 白（）

② 自（）

③ 百（）

答えは②の「自」。「自」は正面から見た鼻の形でしたが、自分のことを表すときに使われるようになったため、畀《ひ》という鼻息の音を表す字を加えて、「鼻」という字ができました。

【Q10】

「家」についてのこわい話です。古代中国では、家の下に魔除けとして、ある動物が埋められたそうです。その動物は、つぎの三つのうち、どれでしょう？

① 犬　② 豚　③ 牛

家

答えは①の「犬」。犬は、人びとの生活と大きくかかわっていました。神聖な建物を建てるときには、嗅覚のするどい犬が魔除けとされたといいます。「伏」の字の「犬」も同じ意味です。

【Q11】

光

「光」は、?と、ひざまずいている人の形とで、できた漢字です。

?は神聖なものであり、「光」は、?をあつかう特別な人（聖職者）のことをあらわした字です。

さて、?に入る漢字は？


答えは「火」。「光」のもともとの意味は、火をあつかう聖職者のことでしたが、「ひかる、ひかり、かがやく」などの意味に使われるようになりました。

【Q12】

?

「艸（くさ）」と「日」と「月」が組み合わさってできた字です。

いまの字はなんでしょう？

艸（くさ）　日　月

答えは「朝」。草（艸）のあいだに日（太陽）が出ているときに月がまだ残っている形で、朝明けのときをいい、「あさ」の意味になります。

「萌」ではありません。

いろいろ遊べる

人の姿からできた漢字

あの字も、この字も、人の姿からできた文字。いろんなポーズを集めました。

遊び方は自由自在。大きく書いて掲げてクイズにしても、カードにして絵あわせで遊んでも楽しめます。ジェスチャーゲームにすれば、さらに盛り上がります。

❖正面向きの人からできた漢字

↓

❶ 大

★両手両足を広げて立つ人の形。

「古代文字ジェスチャー」は、とくにおススメです。いまの漢字を書いたカードを見て、その古代文字を全身で表現！スピードをつけて競争すると、とっても盛り上がります。
大

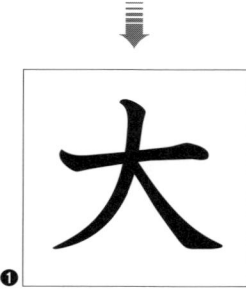

天 ❶

★両手両足を広げて立つ人に、大きな頭をつけた形。

「天」はもともと「頭」という意味でした。

立 ❶

★大の字で立ち、その足元に、立つ位置を示した形。

交 ❷

★足を交差させて立っている人の形。

夫 ❹

★まげにかんざしを通して立つ男の人の形。

並 ❻ （竝）

★二人のひとが並んで立つ形。

❖横向きの人からできた漢字

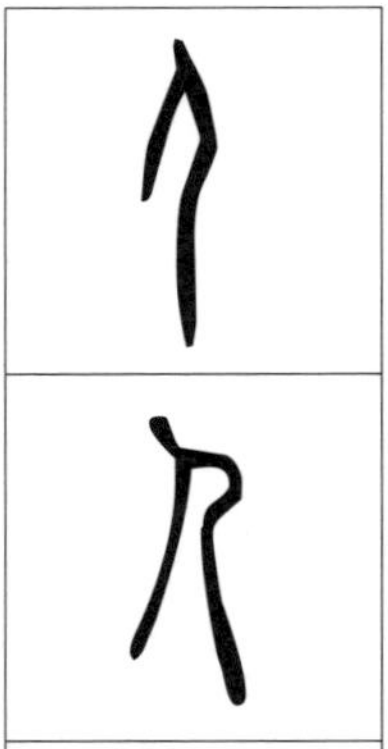

❶ 人

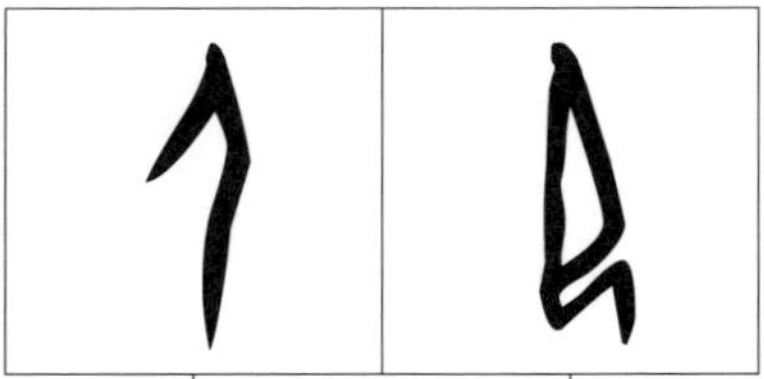

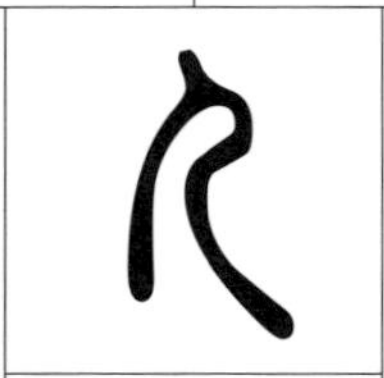

儿

ひざまずいている人

横向きの人

⬇

❶ 見

★目を大きく書いた人の形。目を強調して、「見る」という行為を表しています。

⬇

❶ 先

★人の上に（止＝足あとの形）を加えて、「先に行く」という意味を表しています。

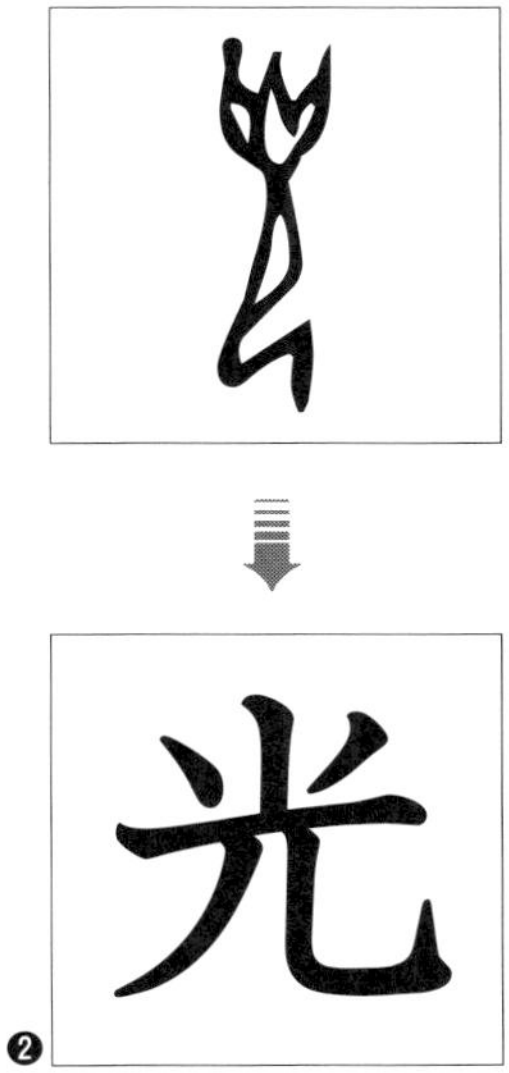

★人の上に（火）を加えて、火をあつかう聖職者のことを表しています。

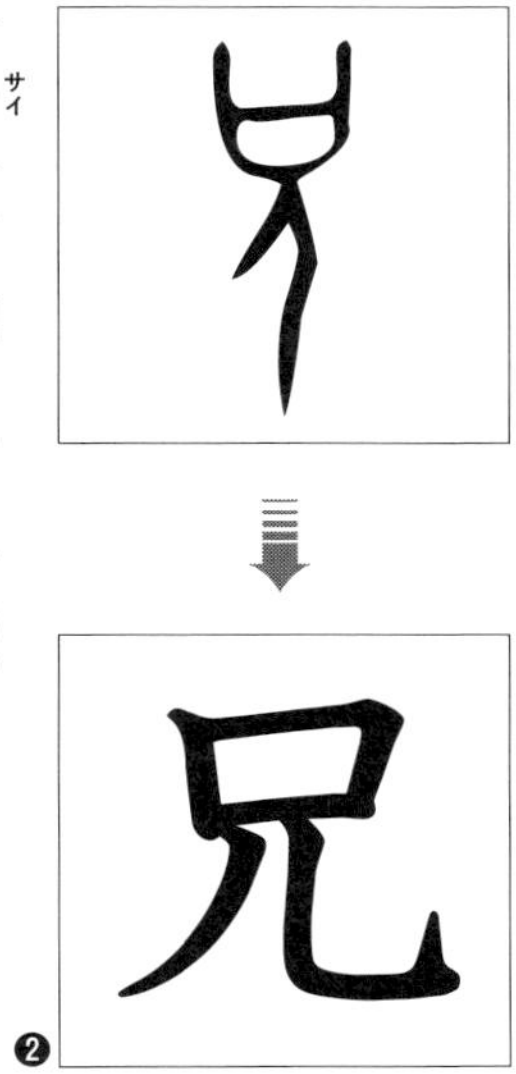

★𠙵《サイ》（口）を頭にのせた人の姿。𠙵《サイ》は祝詞を入れる器の形で、「兄」は神を祭る人を意味しています。家のなかではそれを兄が担当しました。

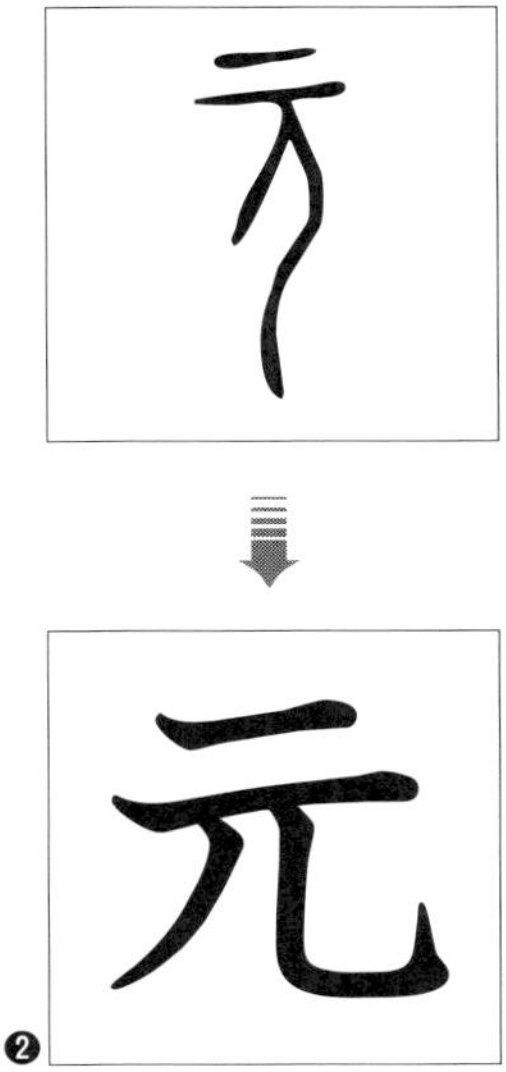

★首の部分を大きな形で強調しています。首の意味となり、「かしら、もと」などの意味に使われます。

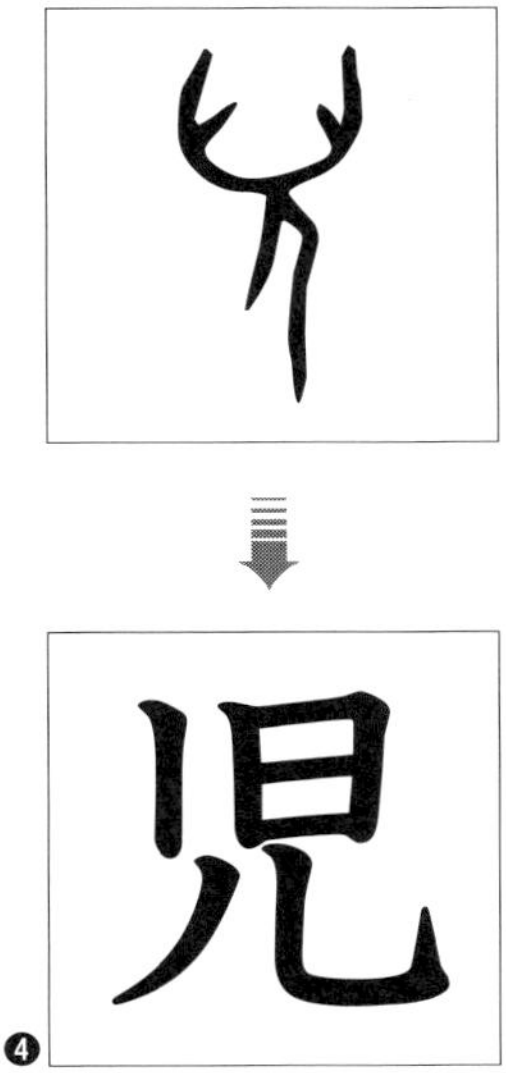

★古代の幼児の髪型（あげまき）をした人の形で、「こども」の意味を表しています。

❖横向きの人がならんでいる漢字

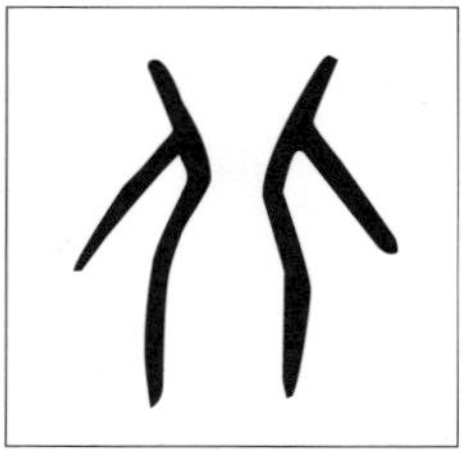

北 ❷

★二人が背中合わせになって立っている形。

化 ❸

★人と、逆さまにした人（死者の意味）を組み合わせた形。

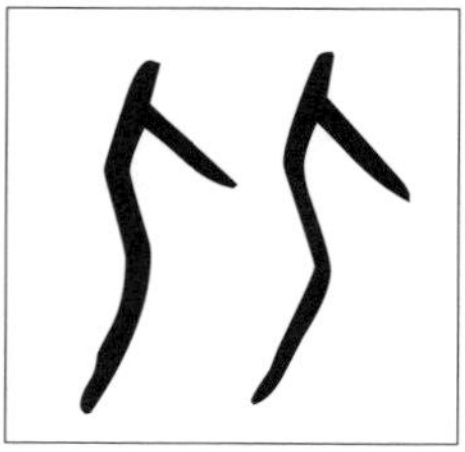

比 ❺

★右向きに二人が並ぶ形。

従 ❻

★道を表すイに、左向きの人が前後に並ぶ形。

旅

③

★旗ざおと、前後に並ぶ左向きの人を組み合わせた形。氏族旗を掲げて出かける一団です。

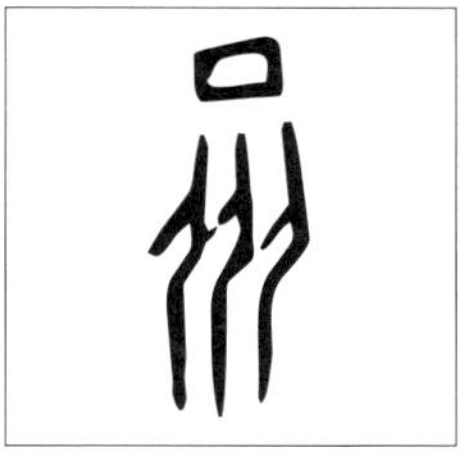

衆

⑥

★都市を囲む城郭《じょうかく》と、三人が並んで立つ形とを組み合わせた形。都市のなかに多くの人がいることを表しています。

【もっとくわしく】

北……「北」にはもともと、背中という意味がありました。それが、儀式のときに南向きに座る王が背中を向ける方向をいうようになり、方位の「きた」の意味に変わってしまいました。そのため、「北」の下に体の部分を示す月（肉）を加えて、「せなか」を表す「背」という字ができたのです。

旅……「旅」の字のなかの㫃（㫃《えん》）の部分が、ふきながしのついた旗ざおの形です。古代中国の社会では、氏族単位で行動し、それぞれの氏族が旗を持っていたといいます。「族」「遊」「旗」の字のなかにも、この氏族旗の形があります。

衆……「衆」の古代文字のように、同じ字が三つ集まっている場合、「たくさんある（いる）」という意味を表すことがあります。「森」という字は、「木」が三本あるから「森」というわけではありません。また、「星」という字も、以前は「曐《せい》」と書き表しており、「晶」は「星がたくさんある」という意味でした。

どこの部分？ 人の体をあらわす漢字 一

体の部分をあらわす漢字のクイズです。ひと目でわかるものもあれば……。

こんなプリントで、いまの漢字を推理してみてはどうでしょうか。古代文字のとなりに楷書を入れ、引き出し線で絵と結びます。対象年齢や学年によって、使う漢字をアレンジしてください。

（プリント例）

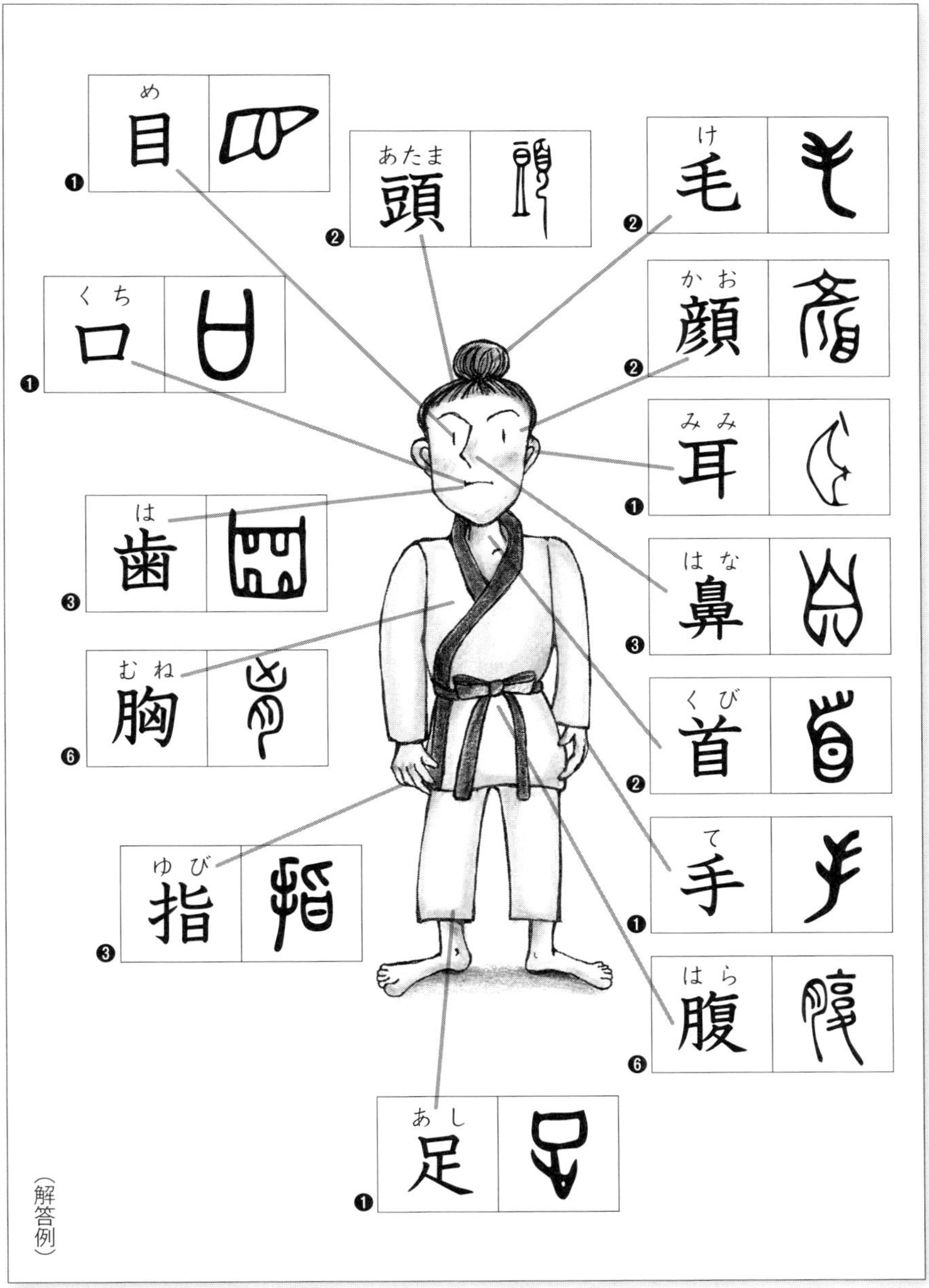

❶ 目《め》
❷ 頭《あたま》
❷ 毛《け》
❶ 口《くち》
❷ 顔《かお》
❶ 耳《みみ》
❸ 歯《は》
❸ 鼻《はな》
❻ 胸《むね》
❷ 首《くび》
❸ 指《ゆび》
❶ 手《て》
❻ 腹《はら》
❶ 足《あし》
（解答例）

Column

白川文字学と漢字学習❶

“勉強”のイメージを一変させる古代文字の魅力

◉導入にぴったりの古代文字クイズ

「漢字」「古代文字」「白川文字学」などの言葉が講座内容の紹介文に並んでいると、むずかしい勉強の話というイメージをもたれてしまいがちです。おとなの方にとっては「いまさら漢字の勉強なんて」という気持ちがあるかもしれませんし、参加者も、心なしか緊張して構えているような雰囲気があります。

そんなとき、会場の雰囲気を一変させるのが「古代文字クイズ」です。古代文字を見せて、「いまの漢字では何？」と聞くのです。まずは簡単なところから入ります。

第1問は「」。すぐに「山」という答えが返ってきます。「すごい。すぐにわかりましたね。この調子でがんばってくださいね。では、第2問『』」。山の古代文字とよく似ていることに気づきます。同じじゃないかと言う人もいます。「火」という答えが出たあとで、「違いは、底の部分の線の形です。山はまっすぐだけど、火は丸くなっています」という説明をすれば、みなさん納得。「なんとなくおもしろそう」という感じになります。

第3問「」（水）。第4問「」（川）。「真ん中の点は水の流れ。それをつなげたらという字になります。ちゃんと両側に岸がありますね」「へぇー、そうなんだ」。こんなやりとりが続きます。

また、「」を出題すると、たいてい「虫」という答えが返ってきます。待ってましたとばかりに、「それならここにいらっしゃる半分くらいの方は虫ということになってしまいますよ。（近くの女性を見て）お母さんは虫なんですか」と、すかさず切り返します。すると、勘のよい方から「女」という答えが出てきます。「そうです。答えは『女』。虫じゃなくてよかったですね。きれいな女性です」と言うと会場が笑いに包まれ、さらに和んでくるのです。その後の展開がスムーズに進むのは言うまでもありません。

もちろんこれは、子どもからおとなまで、どの年齢層にも通じることで、古代文字クイズを取り入れることによって、漢字への興味や関心がおおいに高まります。

「古代文字を見て、いまの漢字を想像する」――これでつかみはOKです。

●想像力をかきたてるユニークな文字

この漢字の古代文字はどんな形をしていたのか、どんな成り立ちで、昔はどういう意味をもっていたのか、そんなことに興味をもって調べているうちに、私自身がすっかり夢中

Column

になってしまいました。

たとえば、つぎのような文字について。

金八先生の有名なセリフに、「人という字は、人と人が支えあって」という一節がある。また、あるCMでは「長い棒に短い棒、支えあったら人になる」と歌われていた。しかし実際は、人という字は、しっかりと一人で立っている。——人《ひと》

人からなにかが点々と出ている。これはひょっとして……。たしか小学生のころ、こんな感じのイラストを書いたことがある。この格好で用を足すということは、モデルは男性ということであろう。——尿《にょう》

こんどは、人の形のうしろになにかが落ちている。まさか……やっぱり。予想どおりの意味だった。「米」は胃のなかの消化物の形ということである。——屎《し》(くそ)

お尻からなにかが出ている。尿、屎のつぎだから、おならを意味しているのであろうか。それにしては迫力がありすぎる。残念、不正解。しっぽを意味する尾の字だった。人の形のようにも見えるが、獣の尾を表しているらしい。——尾《お》

歯（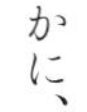）に、蛇のような形が加えられている。これはむし歯（齲歯《うし》）を表す字である。三千年以上前の人びとも、むし歯に苦しんでいたにちがいない。口のなかに、歯を黒くして痛みを与える虫がいると考えたのだろうか。——齲《う》（むしば）

母親が赤ちゃんをしっかり抱きしめ、赤ちゃんは口を開けて一生懸命に乳を飲んでいるようすである。この字から、母と子の強い絆を感じる。この瞬間だけは、父親はどうしても孤独である。——乳《ちち》

屋根に千木《ちぎ》（）のある建物（校舎）で、長老が若者を教育したことを意味する字である。ムチを手に持つ形（攵）がある。体罰は厳禁であるが、昔はまさにスパルタ教育だったのだろう。なんだか痛そうに見える字である。——教《きょう》

ここに紹介したほかにも、まだまだたくさん、おもしろい字があります。また、この本で紹介している古代文字は、ぜんぶで約百九十字あります。「漢字の世界は不思議で楽しい。とくに古代文字はおもしろい」。それが実感です。

漢字のトリビア❶

中国では？ 日本では？

クイズにしても楽しい豆知識

中国ではなんのこと？

【日本】	【中国】
手紙……………	（　　　）
鮎《あゆ》……………	（　　　）
鰹《かつお》……………	（　　　）
鮭《さけ》……………	（　　　）
娘……………	（　　　）
勉強……………	（　　　）
飯店……………	（　　　）

日本ではなんのこと？

【中国】	【日本】
足球……………	（　　　）
棒球……………	（　　　）
遊泳……………	（　　　）
杯面……………	（　　　）
土豆……………	（　　　）
奥運会……………	（　　　）
湯……………	（　　　）

答え：【中国では】手紙…ちり紙（トイレットペーパー）、鮎…なまず、鰹…うなぎ、鮭…ふぐ、娘…母親、勉強…無理、飯店…ホテル／【日本では】足球…サッカー、棒球…野球、遊泳…水泳、杯面…カップラーメン、土豆…じゃがいも、奥運会…オリンピック、湯…スープ

2章 漢字あそびでおぼえよう

漢字をおぼえる方法は、書きとりの反復練習だけではありません。
楽しく、しかもしっかりと漢字が身につく漢字あそびを紹介します。
黒板でできるので準備もかんたん、いますぐはじめられます。

文字のたし算

見なれた漢字も、部分に分けるとあら不思議！
部分を組み合わせて漢字を作ります。

空欄にあわせ漢字を書きます。書き順と違う順序で見せれば、ゲーム性が高まります。

[1年生の漢字]

① 口 ＋ 夕 ＝ □

② 寸 ＋ 木 ＝ □

③ 一 ＋ 白 ＝ □

④ 丁 ＋ 田 ＝ □

⑤ 力 ＋ 田 ＝ □

⑥ 十 ＋ 日 ＝ □

⑦ 穴 ＋ 工 ＝ □

つぎは、答えが2文字!

⑧ 子 ＋ ⺍ ＋ 木 ＋ 交 ＝ □□

答え：①名、②村、③百、④町、⑤男、⑥早、⑦空、⑧学校

[2年生の漢字]

① 云 ＋ 雨 ＝ □

② 糸 ＋ 会 ＝ □

③ 里 ＋ 王 ＝ □

④ 少 ＋ 止 ＝ □

⑤ 木 ＋ 見 ＋ 立 ＝ □

⑥ 五 ＋ 言 ＋ 口 ＝ □

⑦ 十 ＋ 十 ＋ 月 ＋ 日 ＝ □

つぎは、答えが2文字!

⑧ 寺 ＋ 門 ＋ 日 ＋ 日 ＝ □□

答え：①曇、②絵、③理、④歩、⑤親、⑥語、⑦朝、⑧時間

[3年生の漢字]

① 者 ＋ 日 ＝ □

② 冬 ＋ 糸 ＝ □

③ 口 ＋ 門 ＝ □

④ 束 ＋ 正 ＋ 攵 ＝ □

⑤ 火 ＋ 火 ＋ 言 ＝ □

⑥ 口 ＋ 日 ＋ 刀 ＝ □

⑦ 車 ＋ 土 ＋ 又 ＝ □

つぎは、答えが2文字!

⑧ 心 ＋ 日 ＋ 立 ＋ 未 ＋ 口 ＝ □□

答え:①暑、②終、③問、④整、⑤談、⑥昭、⑦軽、⑧意味

[4年生の漢字]

① 井 ＋ 口 ＝ □

② イ ＋ 貝 ＋ 匕 ＝ □

③ 行 ＋ 土 ＋ 土 ＝ □

④ 口 ＋ 日 ＋ 日 ＝ □

⑤ 刀 ＋ 八 ＋ 米 ＝ □

⑥ ム ＋ 八 ＋ 木 ＝ □

⑦ 重 ＋ イ ＋ 力 ＝ □

つぎは、答えが2文字!

⑧ 禾 ＋ 重 ＋ 頁 ＋ 大 ＋ 米 ＝ □□

答え：①囲、②貨、③街、④唱、⑤粉、⑥松、⑦働、⑧種類

[5年生の漢字]

① 口 ＋ 心 ＋ 大 ＝ □

② 力 ＋ 貝 ＋ 口 ＝ □

③ 牛 ＋ 角 ＋ 刀 ＝ □

④ 示 ＋ 木 ＋ 木 ＝ □

⑤ 禾 ＋ 王 ＋ 口 ＝ □

⑥ 糸 ＋ 心 ＋ ム ＋ 八 ＝ □

⑦ ム ＋ 匕 ＋ 匕 ＋ 心 ＋ 月 ＝ □

つぎは、答えが2文字!

⑧ 同 ＋ 象 ＋ 金 ＋ イ ＝ □□

答え：①恩、②賀、③解、④禁、⑤程、⑥総、⑦態、⑧銅像

[6年生の漢字]

① 木 ＋ 口 ＝ □

② 八 ＋ 氵 ＋ 口 ＝ □

③ 門 ＋ 竹 ＋ 日 ＝ □

④ 九 ＋ 木 ＋ 氵 ＝ □

⑤ 口 ＋ 王 ＋ 耳 ＝ □

⑥ 刃 ＋ 言 ＋ 心 ＝ □

⑦ 氵 ＋ 白 ＋ 方 ＋ 攵 ＝ □

つぎは、答えが2文字!

⑧ 必 ＋ 禾 ＋ 宀 ＋ 山 ＋ 必 ＝ □□

答え：①困、②沿、③簡、④染、⑤聖、⑥認、⑦激、⑧秘密

五画で合格!

一 間違えやすい書き順の五画の漢字を集めてみました。クイズ感覚で身につきます。

一マスごとに一画ずつ増えるように書き入れて、左の漢字を完成させます。

一画ずつ書いていくことで、漢字の形や書き順がしっかりおぼえられます。

失敗してもOK、合格するまでチャレンジするうちに、いつのまにか身についてしまいます。

	1画め	2画め	3画め	4画め	5画め
❶右					
❶左					
❸皮					
❸氷					
❺可					
❸世					
❻冊					
❹必					

答えは、つぎのとおりです。

	1画め	2画め	3画め	4画め	5画め
右 ❶					
左 ❶					
皮 ❸					
氷 ❸					
可 ❺					
世 ❸					
冊 ❻					
必 ❹					

ほかにも、子どもが間違えやすい書き順の漢字で試してみてください。

漢字バラバラ事件 一

「五画で合格！」の逆バージョン。バラバラにされた姿から、漢字を推理してみましょう。

書き順ごとに並んでいる画から、できあがる漢字を推理し、答えの空欄に書き入れましょう。

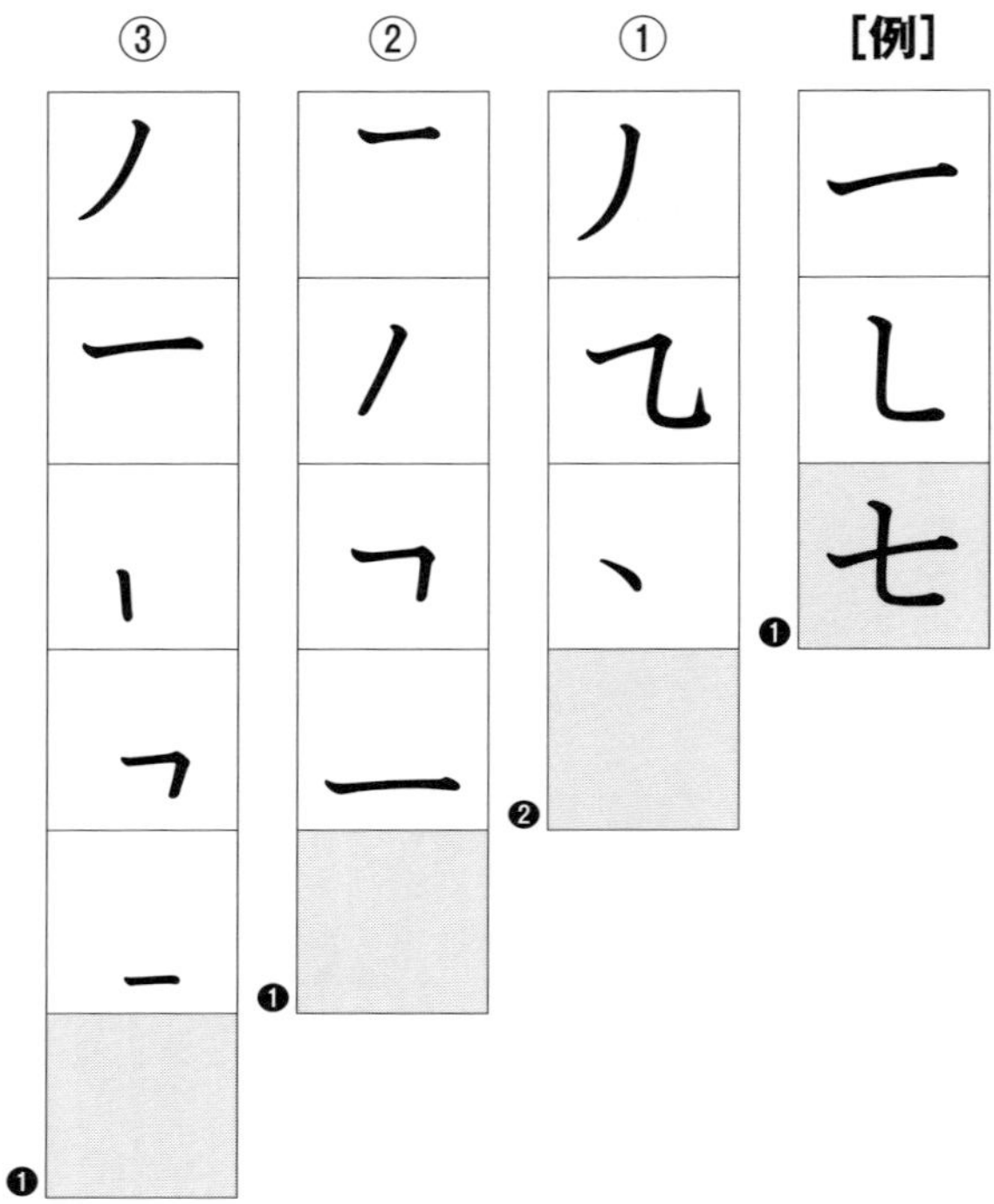

答え：①丸、②五、③右、④母、⑤犯、⑥成、⑦臣、⑧門、⑨持

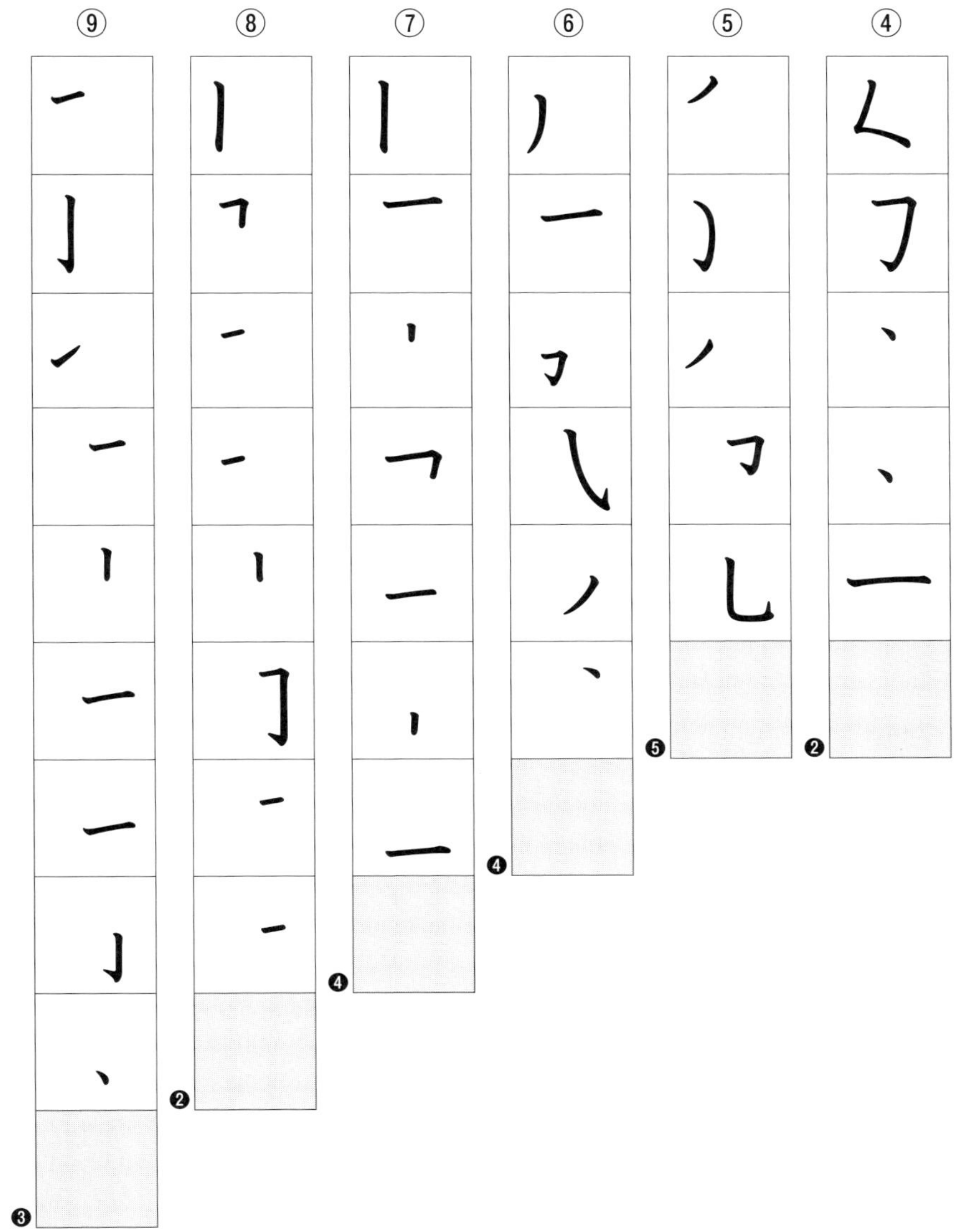
④
❷
⑤
❺
⑥
❹
⑦
❹
⑧
❷
⑨
❸

同じ形が入ります ―

一部が欠けた字の集まり。共通の形が見つかれば、漢字どうしのつながりが見えてきます。

例示の漢字を増やしていくにつれて、ヒントが増えます。問題の出し方を工夫して遊んでください。

①あいているところに入る形は？

答えは

又

「又」は、右手の形を表します。

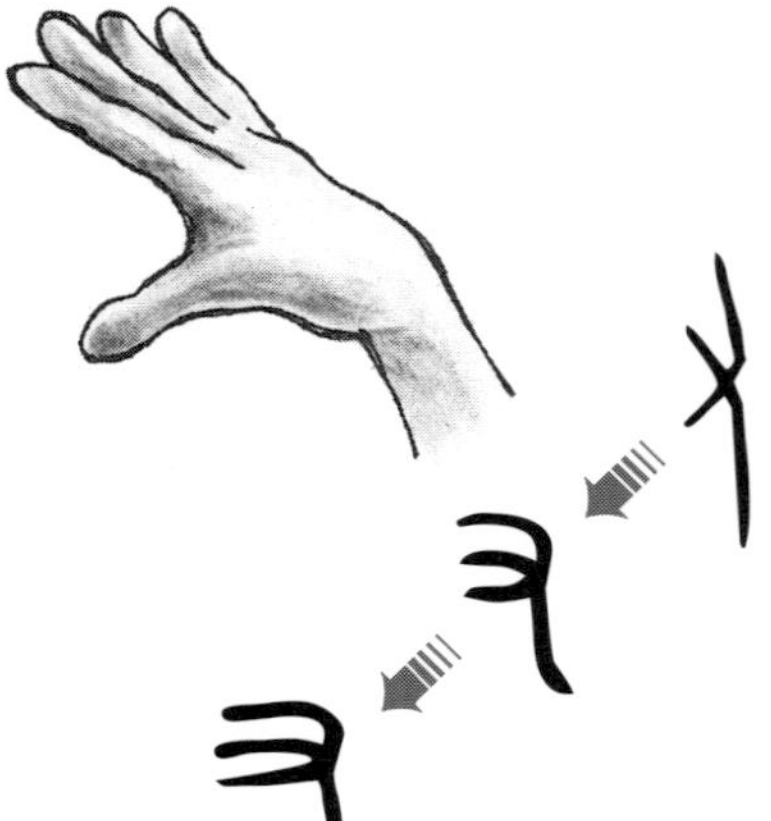

②あいているところに入る形は？

田 ❶	重 ❸	甬 ❹	十 ❹（この字は同じ形を三つ）
免 ❸	口 ❹	𭕄冖 ❹	埶 ❺
目 ❸	奴 ❹	工 ❹	菫 ❻

答えは

力

「力」は、農具のすき、、の形を表します。

白川博士は、「力」を筋肉ではなく、すきの形だと解釈しました。

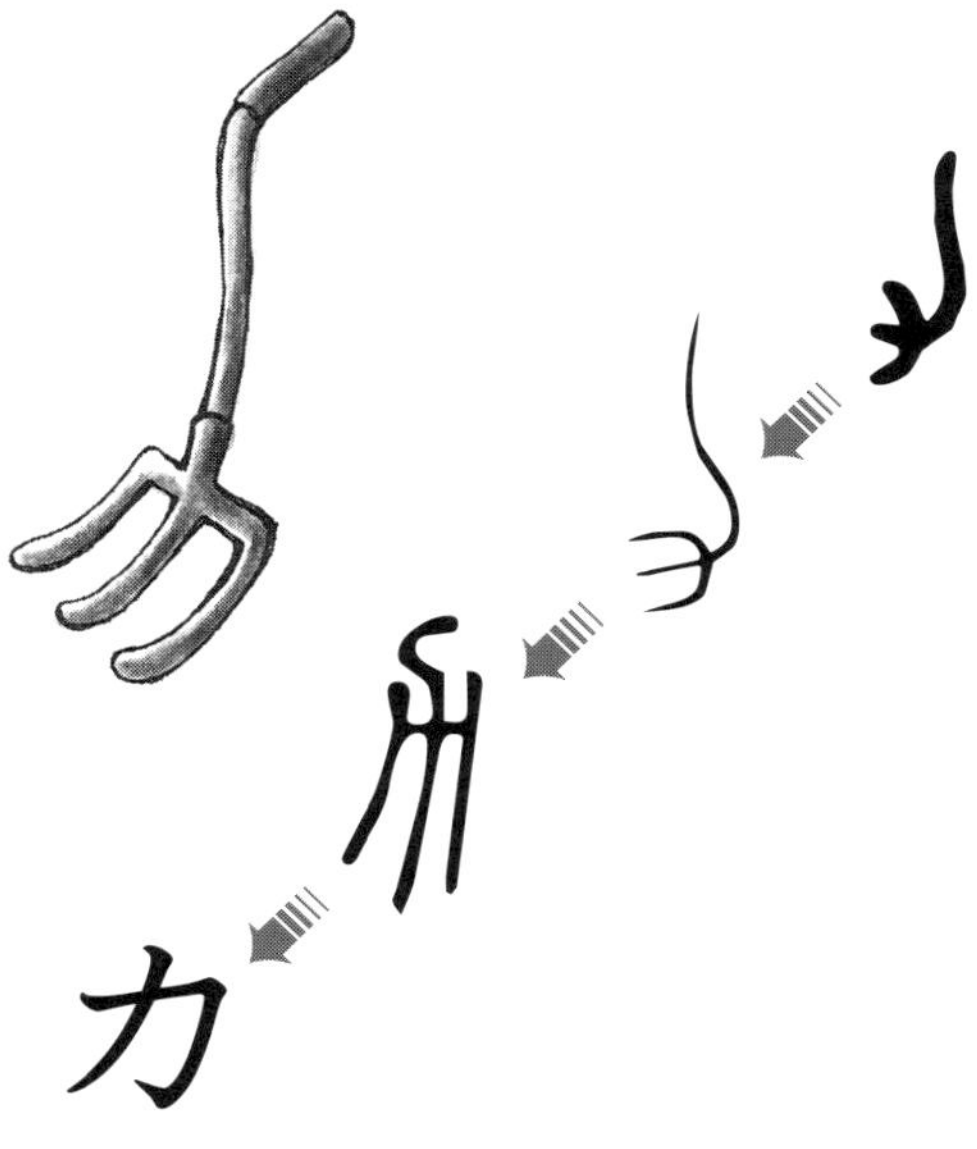

③あいているところに入る形は？

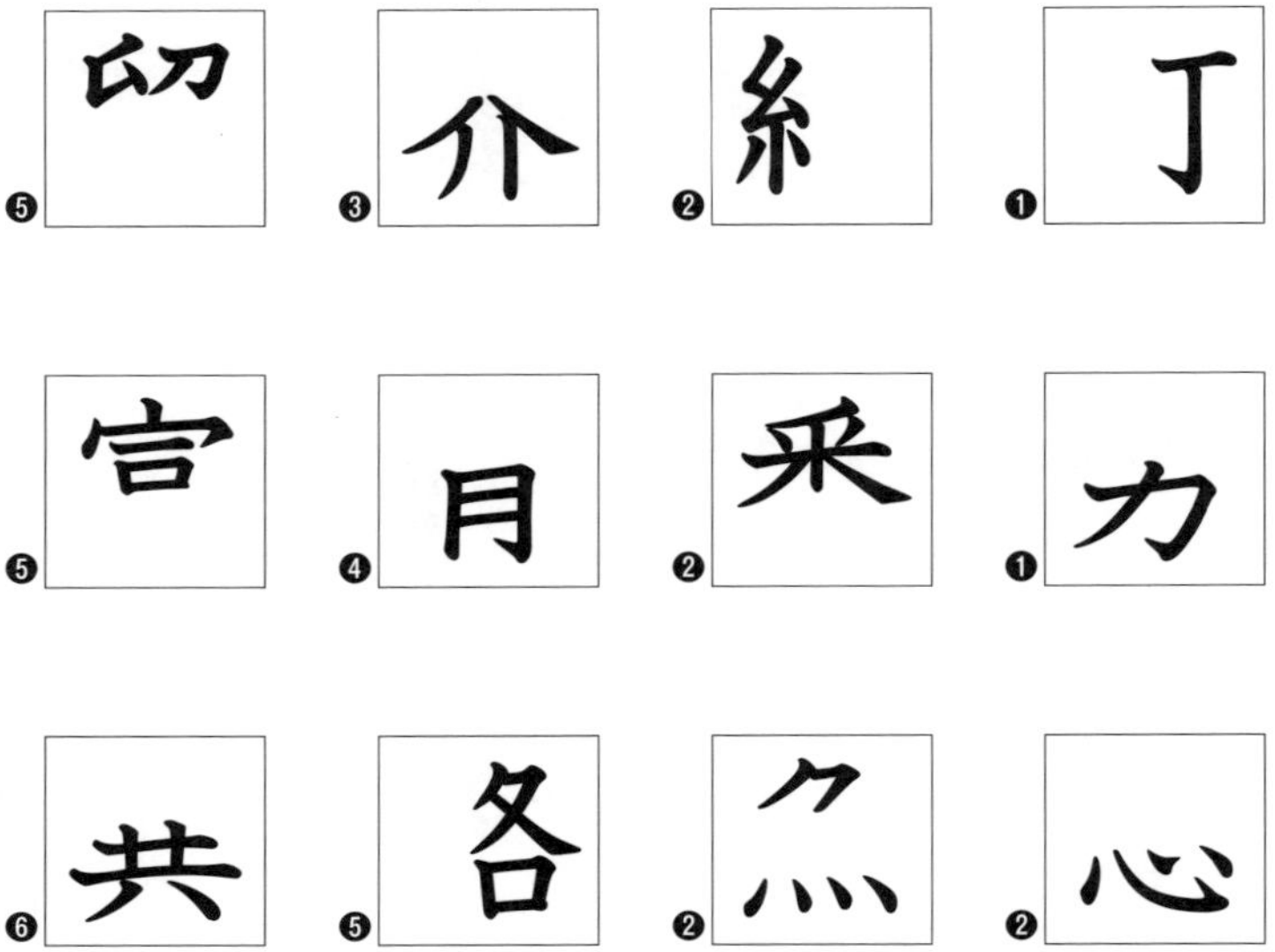

答えは **田**

ただし、同じ形でも、その意味はさまざまです。

◉田んぼの形……留・町・略・男・界
◉頭（囟＝ひよめき）の形……思・細
◉胃袋の形……胃
◉けものの足裏の肉の形……番
◉器の形の一部（畐は酒だるの形）……富
◉体の一部……魚
◉鬼の頭の形……異

④あいているところに入る形は？

答えは

貝

「貝」の形には、二つの意味があります。

◉「貝」は、子安貝《こやすがい》という貝の形で、お金として使われるほど貴重なものでした。

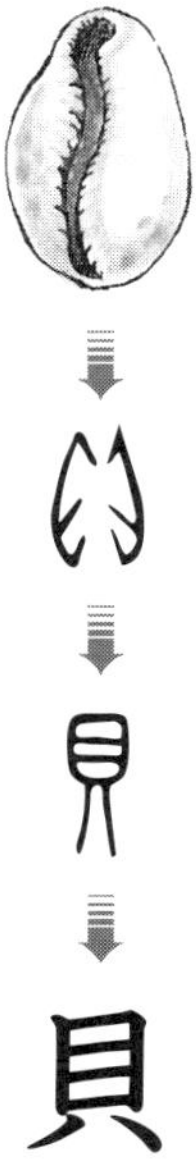

◉ただし、「員」「質」「則」の字にある「貝」は、鼎《かなえ》の形で、三本脚のついた青銅器のことです（11ページ参照）。

間違えやすい部首も、つながりで考えるとおぼえやすくなります。

⑤あいているところに入る形は？（二つの形のどちらかが入ります）

土 ❷

し ❸

申 ❸

畐 ❸

夕又 ❸

兄 ❹

林 ❺

且 ❺

答えは、「礻」と「示」。「礻」（しめすへん）のもとの形は「示」でした。

いま「社」と書いている字は「社」、「神」と書いている字は「神」と書いていました。

「示」は、神を祭るときに使うつくえ（祭卓）を表しています。（上から 社・礼・神・福・祭・祝・禁・祖）

⑥あいているところに入る形は？（二つの形のどちらかが入ります）

刀 ❹

制 ❺

复 ❺

𢦏 ❻

甫 ❻

答えは、「衤」と「衣」。「衤」（ころもへん）の、もとの形は「衣」でした。（上から 初・製・複・裁・補）

反対に、いまは同じ形でも、もとは別の形、別の意味であった漢字もあります。

同じ「月」の形でも……

月❶　明❷　朝❷　期❸

【もともとは】

月の形

育❸　有❸　祭❸　胃❹

腸❹　脈❹　背❻　腹❻

肉の形
（にくづき）

前❷　服❸　勝❸

舟（盤＝入れ物）の形

「月」の形には3つの意味があり、
空の月を意味するもののほか、
「肉」の形、
「舟」（盤＝入れもの）の形があります。
身体の部分を表す字や
神に供える肉（祭肉）に関係する字には、
「にくづき」がついています。

白川文字学と漢字学習❷

成り立ちを知れば、字形や書き順にも納得できる

子どもが、「鼻」の一部を「白」にしたり、「達」の一部を「幸」にしたりすることがあります。でも、成り立ちを知っていると、間違えることがなくなります。

自（）＋畀＝鼻

「鼻」の字の一部である「自」は、もともと「鼻」を意味する字でした。ところが、「鼻」の意味から「おのれ、みずから」の意味に変わってしまいました。そのため、「自」に鼻息の音である「畀《ヒ》」という字を加えて、「鼻」という字が作られたのです。

羍（）
↓
幸

「達」のしんにょう以外の部分である「幸《タツ》」は、もともと「羍《タツ》」という「大」の下に「羊」がある形でした。うしろから見たメスの羊の腰の下に子羊が生まれ落ちる形を表しています。

「右」と「左」という字の一画目をどこから書きはじめればよいのかということについても同様です。「右」という字は「又」と「口」、「左」という字は「ナ」と「工」からで

きています。もともと「又」だけで「右手」を、「ナ」だけで「左手」を意味していました。「右」の一画目の書きはじめを「又」にあてはめて「ノ」から、「左」の一画目の書きはじめを「ナ」にあてはめて「一」から書くようにすれば、間違えなくなります。

なお、漢字の成り立ちには、現代からみると怖いと思えるような古代の風習や考え方を表す文字もあります。たとえば、「真」「幸」「道」という字があげられますが、それぞれ「行き倒れの人」「手かせ」「敵の首を持って道を行く」という意味があります。

名前に多く使われるような字で、昔といまとでは意味が大きく違うような場合、かならず現在の意味もあわせて強調してあげてください。いまでは、「真」という字には「いつ、どんなときでも変わらない正しいものごとの筋道（真理）」、「幸」には「幸せ、幸い（幸福）」という意味があり、「道」には「すぐれたおこないや人柄」などの意味もあります。

＊――人名に使える漢字は二九九七字（戸籍法施行規則第60条）。常用漢字（二一三六字）と人名用漢字（八六一字）をあわせた数です。人名には、読みの規定や制限がないので、近年は難読な名前が増えています。

Ⅱ

作って遊ぶ漢字教具

3章 子ども作る漢字ゲーム

古代文字すごろく、漢字のパノラマ、
紙コップで作る漢字ルーレット。
「漢字の勉強」というイメージは
ここにはありません。
教具やゲームを手作りしてみると、
びっくりするほど
漢字が楽しくなります。

もりあがる！古代文字すごろく

サイコロをふって、すごろく遊び。扱う漢字やルールをアレンジして遊んでみてください。

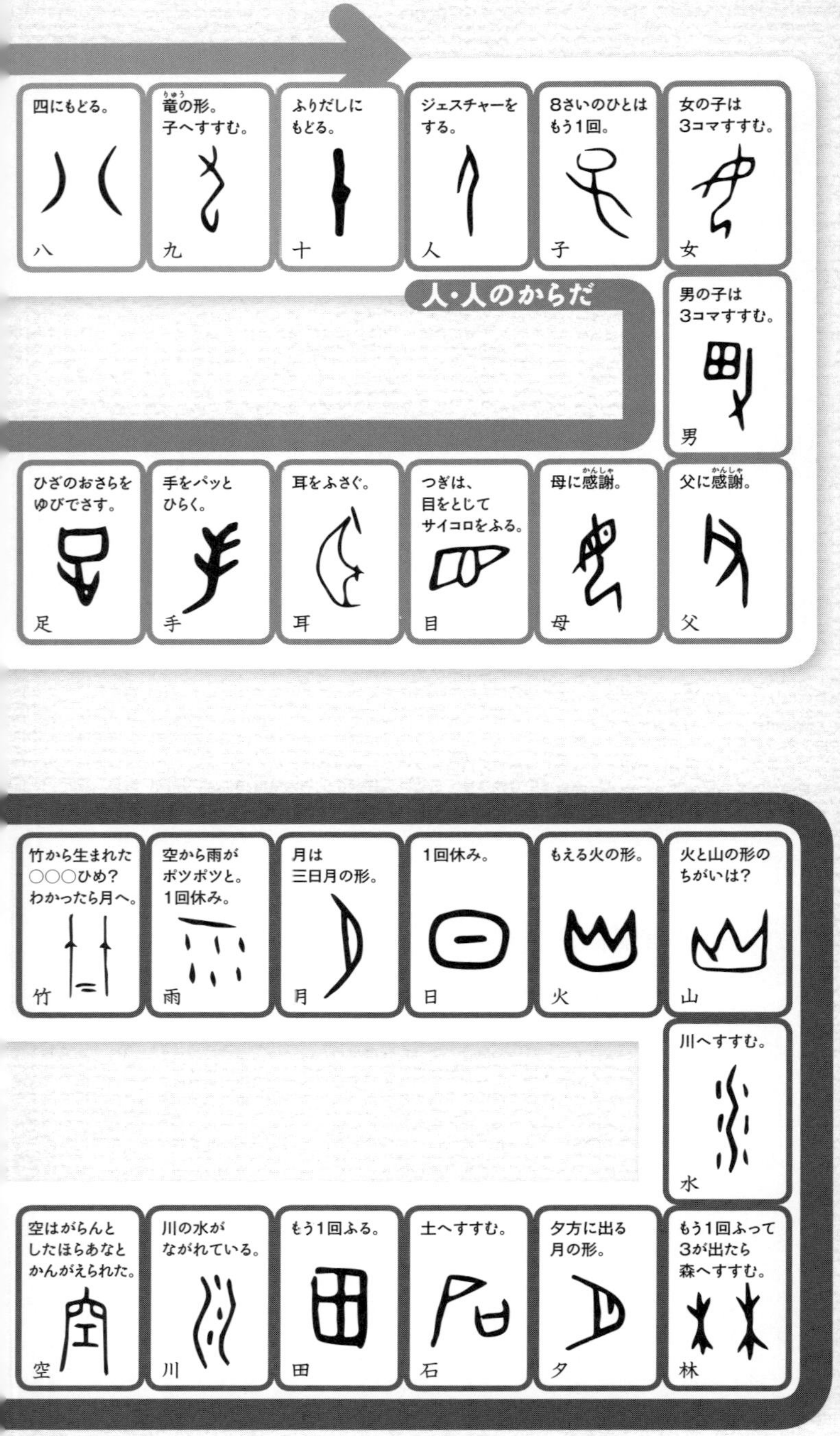
四にもどる。
八
竜《りゅう》の形。子へすすむ。
九
ふりだしにもどる。
十
ジェスチャーをする。
人
8さいのひとはもう1回。
子
女の子は3コマすすむ。
女
人・人のからだ
男の子は3コマすすむ。
男
ひざのおさらをゆびでさす。
足
手をパッとひらく。
手
耳をふさぐ。
耳
つぎは、目をとじてサイコロをふる。
目
母に感謝《かんしゃ》。
母
父に感謝《かんしゃ》。
父
竹から生まれた○○○ひめ？わかったら月へ。
竹
空から雨がポツポツと。1回休み。
雨
月は三日月の形。
月
1回休み。
日
もえる火の形。
火
火と山の形のちがいは？
山
川へすすむ。
水
空はがらんとしたほらあなとかんがえられた。
空
川の水がながれている。
川
もう1回ふる。
田
土へすすむ。
石
夕方に出る月の形。
夕
もう1回ふって3が出たら森へすすむ。
林

ふりだし

かず

よこ1本。	2回サイコロをふる。	1回休み。	むかしは、よこ4本だった。	もう1回サイコロをふる。	テントの形。	十ににているね。
一	二	三	四	五	六	七

いきもの

1回休み。	目にもどる。	ジェスチャーをする。	つぎは、立ってサイコロをふる。	上は足の形。先頭のひとのところまですすむ。	もう1回ふって1が出たら空へすすむ。	ジェスチャーをする。	犬をよこから見た形。
休む	見る	大	立つ	先	天	交わる	犬

牛の姿を前から見たところ。
牛

うま年の人は草へすすむ。	もう1回ふって出た目の数だけもどる。	貝はたからものだった。1回休み。	もう1回ふって5が出たら川へすすむ。	虫はへびみたいだね。犬へもどる。
馬	鳥	貝	魚	虫

しぜん

もう1回ふって2が出たら林へすすむ。	くさの形が4つあるよ。わかる?	もとの字は華。もう1回ふる。
木	草	花

土でその土地の神《かみ》さまをつくったのだ。	木がたくさん生えているところ。	2回休み。	玉が3つつながった形。森へもどる。	よこの点点はとけた金だよ。	草の芽《め》が土から出た形。
土	森	気	玉	金	生まれる

あがり

絵とカードで漢字のパノラマ

大きな紙に風景の絵をかいて、その上に文字カードを配置すると、壮大な漢字パノラマができます。

日
雪
森
陽
木
岩
道
岸
花
石
葉
川
水

くるくるまわして

紙コップ漢字ルーレット

おもての窓には古代文字、うらの窓には答えの楷書が！

おもての窓

真後ろを見ると……

重ねた紙コップをとりはずすと……

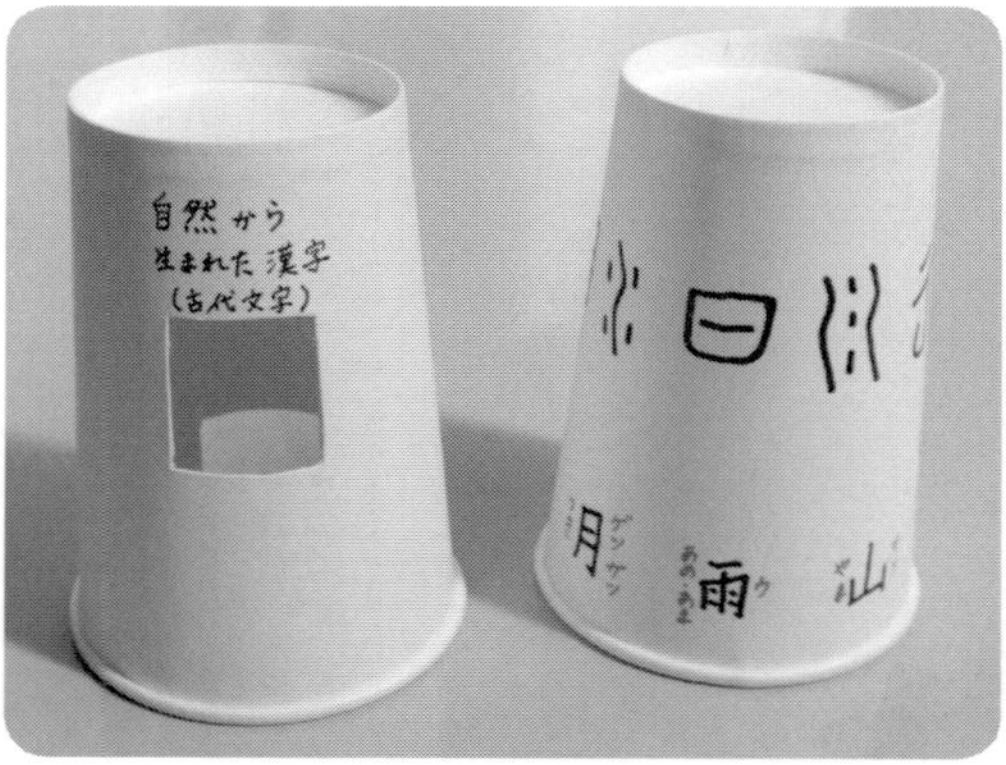

古代文字のちょうど真後ろの窓に、答えの楷書が現れるしかけです。

いろいろ作れます。

(記入例は76ページから紹介します)

❖作り方

❶４００ミリリットル用の紙コップを２つ用意します。

❷１つの紙コップには窓を２つあけます。

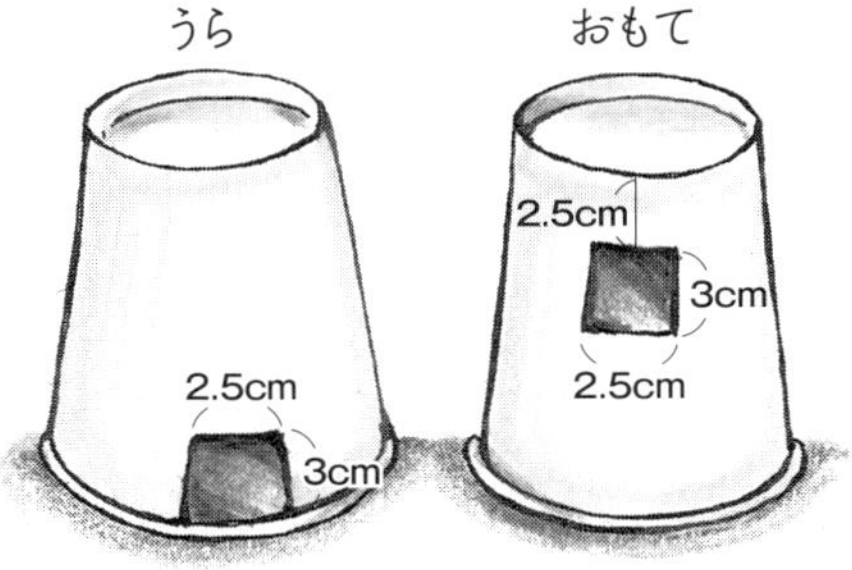

❸もう１つの紙コップの上に窓をあけた紙コップを重ね、おもての窓のなかに古代文字を、うらの窓のなかには、いまの漢字と読み方を書き入れます。

❹書き入れおわったら、上の紙コップを少し回してずらし、つぎの文字を書いていきます。窓の大きさを小さくすると、たくさんの文字を書くことができます。

❖紙コップ漢字ルーレット記入例

選んで作ってください。この表をもとに、カードを作って遊ぶこともできます。

【自然から生まれた漢字】

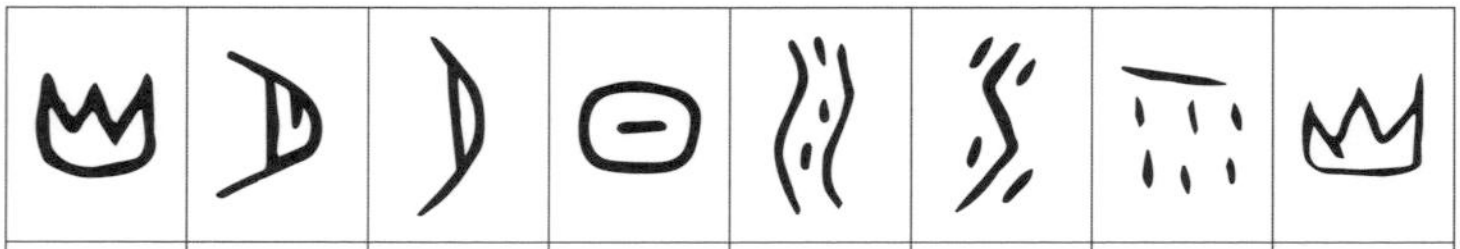

山 ❶	雨 ❶	水 ❶	川 ❶	日 ❶	月 ❶	夕 ❶	火 ❶

土 ❶	石 ❶	岩 ❷	空 ❶	気 ❶	雲 ❷	海 ❷	星 ❷

【植物から生まれた漢字】

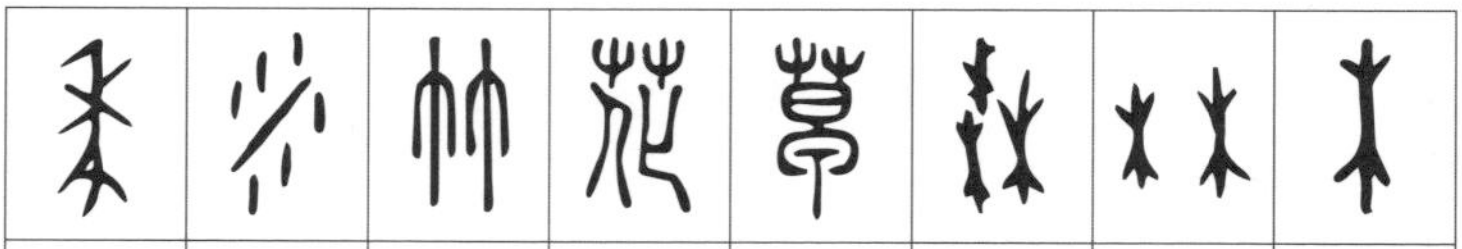

木 ❶	林 ❶	森 ❶	草 ❶	花 ❶	竹 ❶	米 ❷	麦 ❷

葉 ❸	果 ❹	菜 ❹	芽 ❹	種 ❹

【人の体を表す漢字】

首 ❷	毛 ❷	心 ❷	足 ❶	手 ❶	口 ❶	耳 ❶	目 ❶

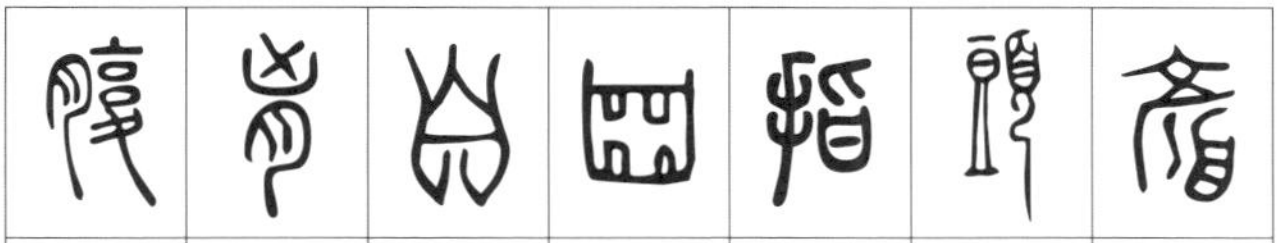

腹 ❻	胸 ❻	鼻 ❸	歯 ❸	指 ❸	頭 ❷	顔 ❷

【人の姿から生まれた漢字】

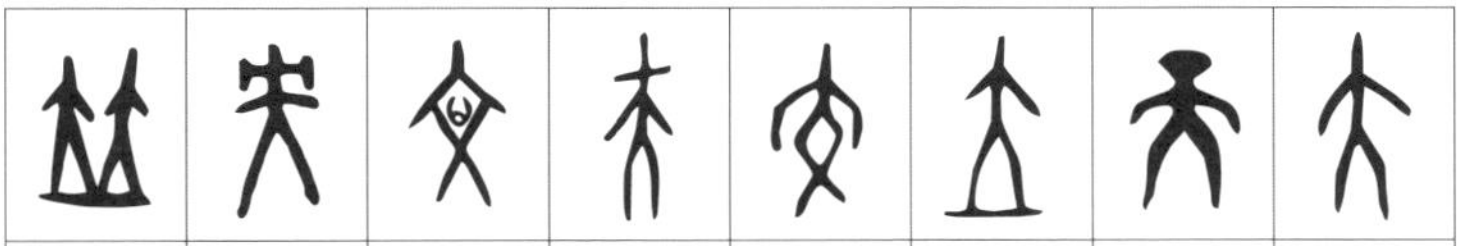

並 ❻	央 ❸	文 ❶	夫 ❹	交 ❷	立 ❶	天 ❶	大 ❶

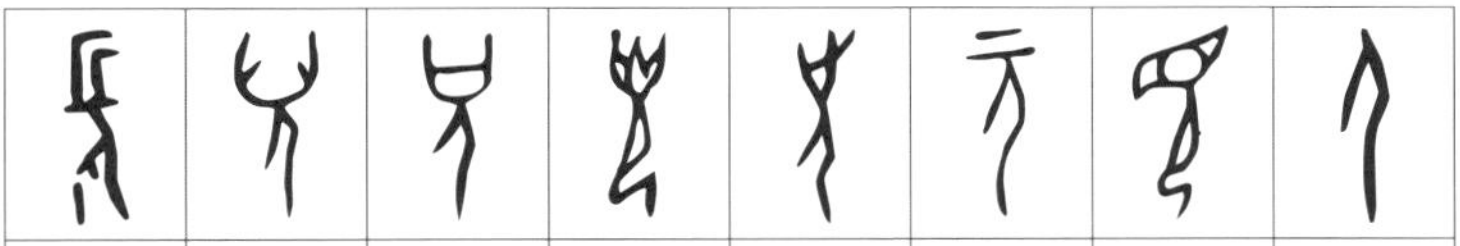

長 ❷	児 ❹	兄 ❷	光 ❷	先 ❶	元 ❷	見 ❶	人 ❶

＊——正面向きの人と横向きの人を分けて作っても、まぜて作っても、楽しく遊べます。

❖【応用編】部首ルーレット

同じ部首をもつ漢字でも遊べます。共通の形となる部首を上の紙コップに書き、うら（下部）には「読み」を書いておきます。

おもて　うら　**例**

【くさかんむりの漢字】

花、葉、落、苦、薬、菜、芽

【さんずいの漢字】

海、湖、流、深、温、湯、満

【しんにょうの漢字】

近、返、追、送、迷、速、連

漢字のトリビア❷

旧字体クイズ

旧字体を知ると、漢字の成り立ちがよくわかります。

いまの漢字（新字体）は、どんな形？

【旧字体】

① 學……（　　）
② 樂……（　　）
③ 關……（　　）
④ 寫……（　　）
⑤ 醫……（　　）
⑥ 歸……（　　）
⑦ 舊……（　　）
⑧ 區……（　　）
⑨ 圓……（　　）
⑩ 國……（　　）
⑪ 點……（　　）
⑫ 蟲……（　　）
⑬ 賣……（　　）
⑭ 經……（　　）
⑮ 假……（　　）
⑯ 畫……（　　）
⑰ 體……（　　）
⑱ 佛……（　　）

答え：①学、②楽、③関、④写、⑤医、⑥帰、⑦旧、⑧区、⑨円、⑩国、⑪点、⑫虫、⑬売、⑭経、⑮仮、⑯画、⑰体、⑱仏

漢字のトリビア❸

国の名前を漢字で書くと…

当て字ですが面白いですね。

【日本の漢字表記】	【中国語（繁体字）表記】
①印度尼西亜	印度尼西亞
②沙地亜剌比亜	沙特阿拉伯
③土耳古	土耳其
④巴基斯坦	巴基斯坦
⑤哀提伯	埃塞俄比亞
⑥夏麦論	喀麥隆
⑦肯尼亜	肯亞
⑧埃及	埃及
⑨加納	加納
⑩英吉利、英国	英吉利、英國
⑪瑞西、瑞士	瑞士
⑫白耳義	比利時
⑬葡萄牙	葡萄牙、葡國
⑭仏蘭西	法蘭西
⑮西班牙	西班牙
⑯米国、亜米利加	美利堅合眾國、美國
⑰加奈陀	加拿大
⑱玖馬	古巴
⑲牙買加	牙買加
⑳墨西哥	西哥
㉑亜爾然丁	阿根廷
㉒伯剌西爾	巴西
㉓秘露	秘魯
㉔濠太剌利	澳大利亞
㉕新西蘭	新西蘭

答え：①インドネシア、②サウジアラビア、③トルコ、④パキスタン、⑤エチオピア、⑥カメルーン、⑦ケニア、⑧エジプト、⑨ガーナ、⑩イギリス、⑪スイス、⑫ベルギー、⑬ポルトガル、⑭フランス、⑮スペイン、⑯アメリカ、⑰カナダ、⑱キューバ、⑲ジャマイカ、⑳メキシコ、㉑アルゼンチン、㉒ブラジル、㉓ペルー、㉔オーストラリア、㉕ニュージーランド

4章

偏旁冠脚《へんぼうかんきゃく》パズル

左右・上下に分かれる「あわせ漢字」の仕組みを利用したパズルは、種類も難易度もさまざま。カードあわせ、ビンゴゲーム、ジグソーパズルなど、おとなが子どもに負けることもある、人気の教具です。

漢字あわせパズル❶

「へん」と「つくり」、「かんむり」と「あし」の仕組みが、遊びながら身につきます。

❖作り方

①厚めの紙に9のマス目を書きます。
これが台紙です。（図①）

②1マスと同じ大きさのカードを9枚作り、
左右中央に線を引きます。（図②）

③「へん」と「つくり」に分けて、
あわせ漢字を書きます。（図③）

④線のところでカードを切り離します。

＊――「かんむり」と「あし」の上下型は、
上下に分けて作ります。

＊――素材の漢字は、116ページに小学校学年別の
一覧表がありますので参考にしてください。

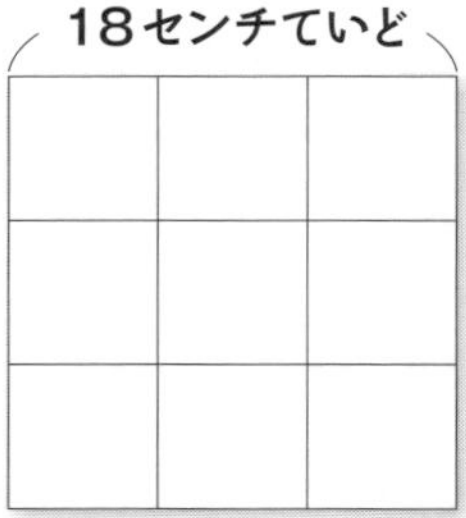
18センチていど
図①

図②

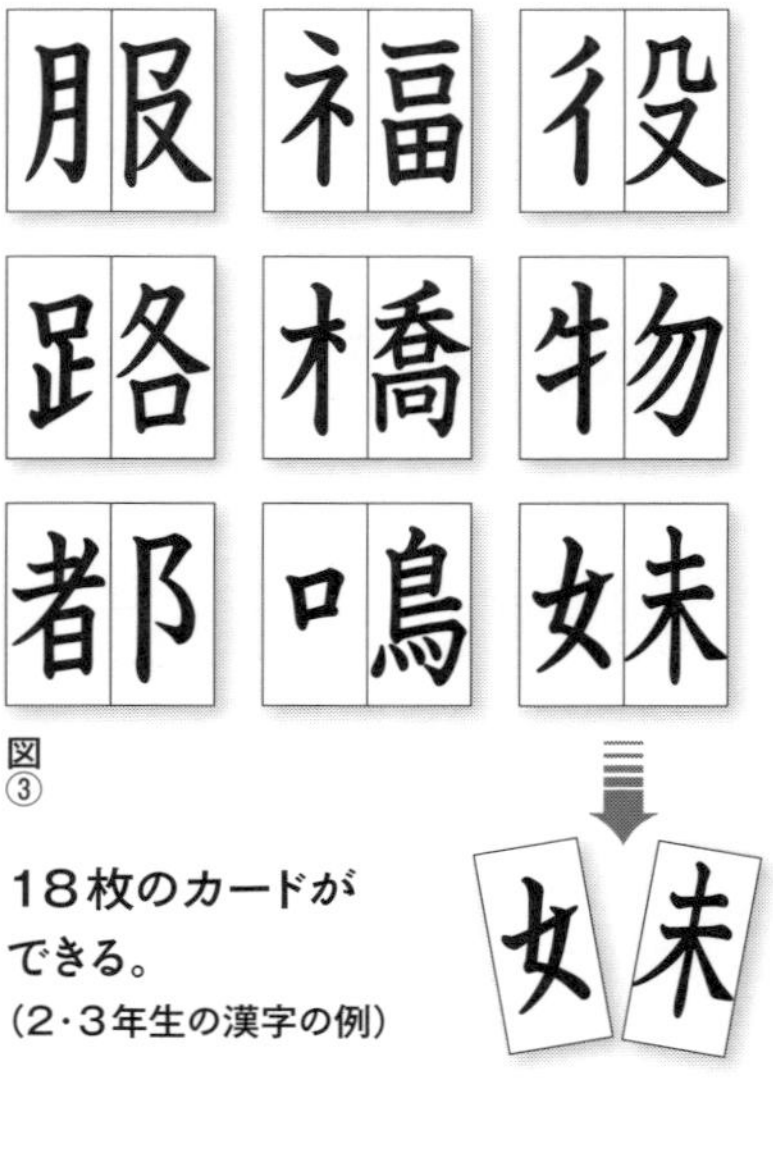
服
福
役
路
橋
物
都
鳴
妹
女
未
図③

18枚のカードが
できる。
（2・3年生の漢字の例）

遊び方——2枚のカードを組み合わせて、漢字を完成させます。

【左右型の例】

2年生の漢字
組 読 野
池 理
口 可 月 イ 火 禾 卓 鳥

（答え：秋・鳴・朝・何）

【上下型の例】

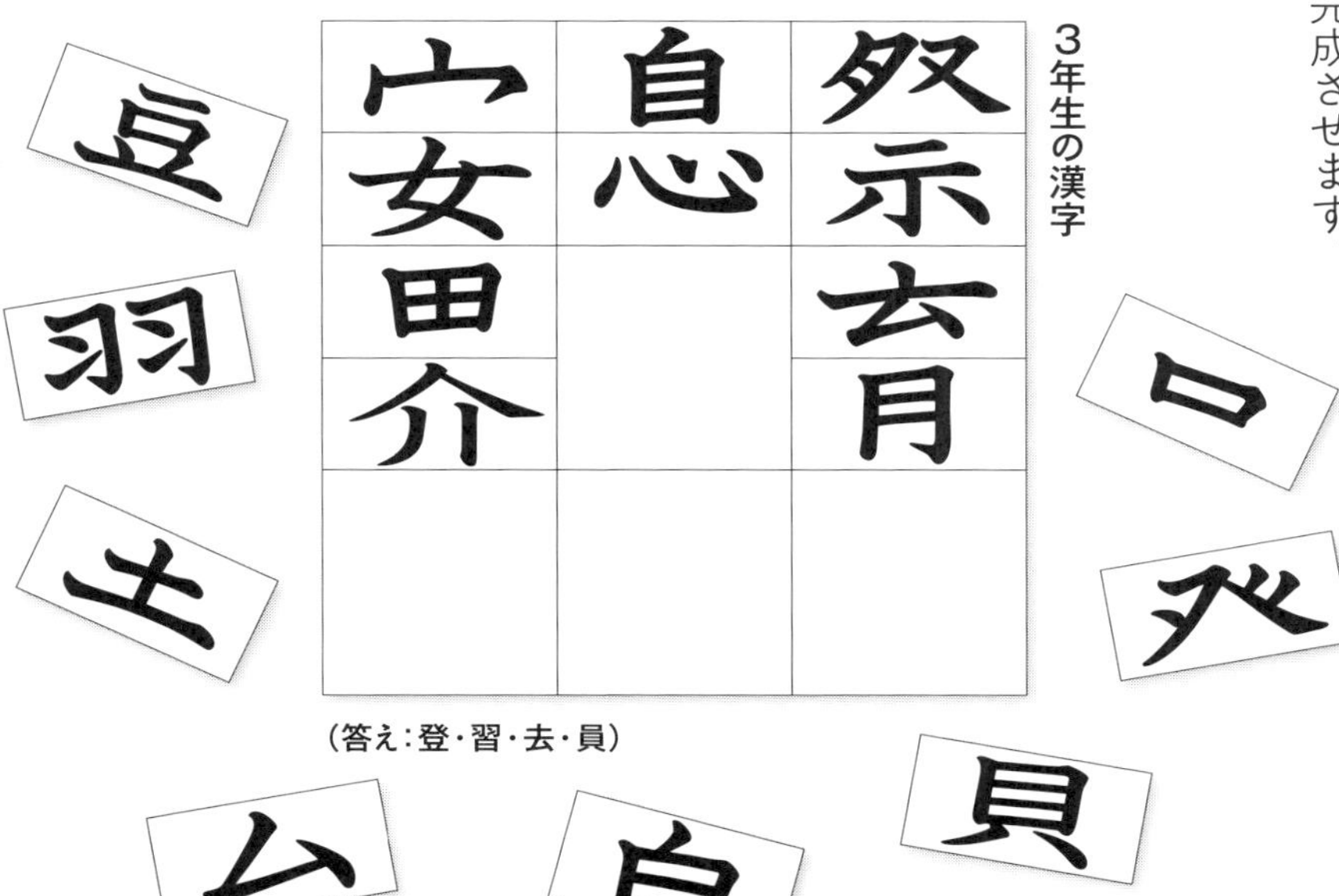
3年生の漢字
安 息 祭
富 育
豆 羽 土 ム 白 貝

（答え：登・習・去・員）

漢字あわせパズル❷

同じ方法で、「たれ」と「にょう」のつくあわせ漢字で遊びます。

❖作り方

元の正方形は、上下型・左右型と同じサイズです。
台紙も同じものを使います。

┏型

厂（がんだれ）、广（まだれ）、疒（やまいだれ）、尸（しかばね）

┗型

辶（しんにょう）、廴（えんにょう）、走（そうにょう）

【「たれ」の例】

2〜4年生の漢字

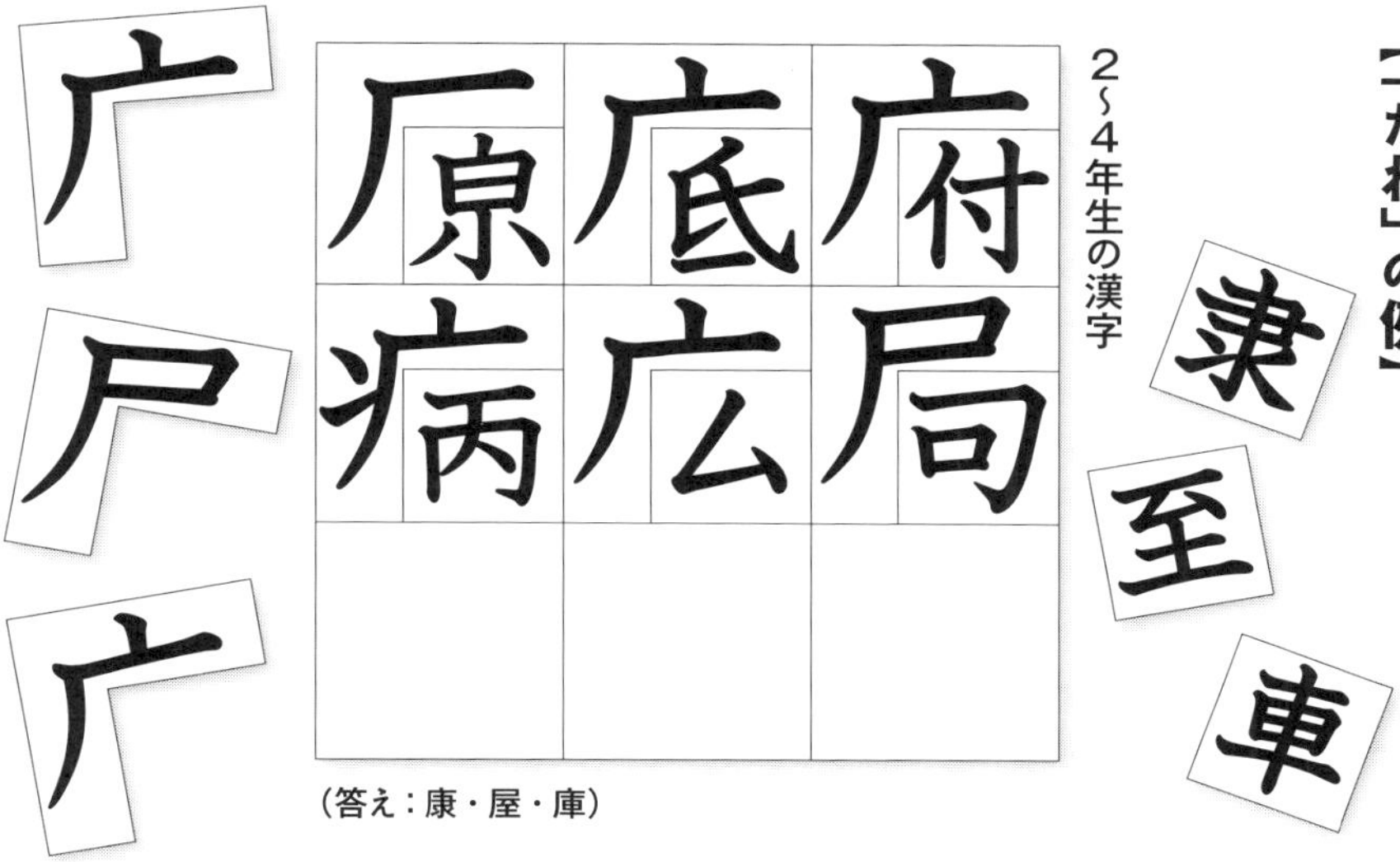
原
底
府
病
広
局
广
尸
广
隶
至
車

（答え：康・屋・庫）

【「にょう」の例】

3〜5年生の漢字

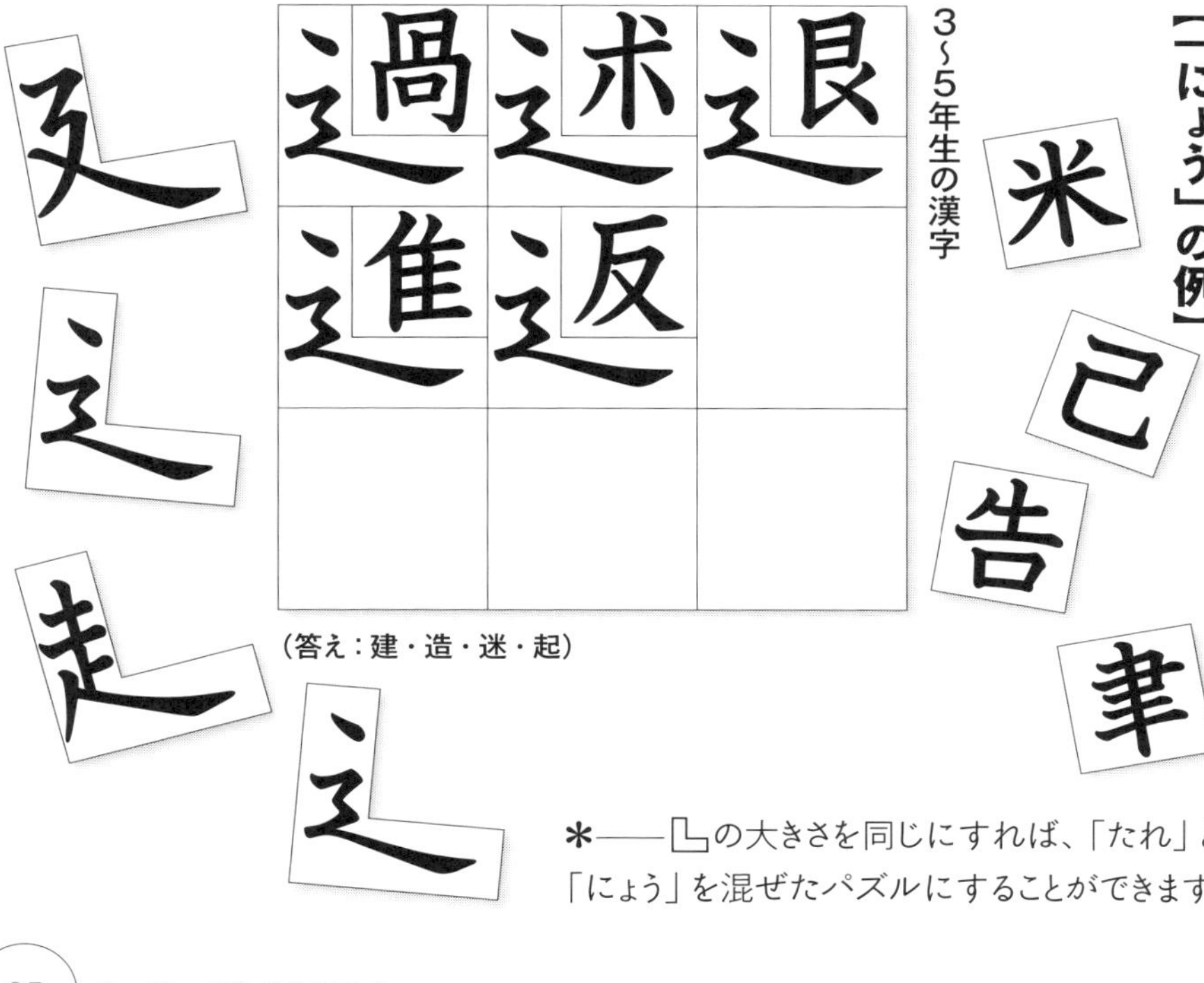
過
述
退
進
返
夂
辶
走
辶
米
己
告
聿

（答え：建・造・迷・起）

＊――∟の大きさを同じにすれば、「たれ」と「にょう」を混ぜたパズルにすることができます。

❖遊び方（応用編）

漢字あわせパズル1・2で使ったカードで、トランプの「神経衰弱」ゲームができます。

（ひとりでも遊べます。）

①18枚のカードをぜんぶ、裏返しにならべます。

②カードをとる順番をジャンケンなどできめます。

③一番目の人が1枚カードをめくり、もう1枚めくって、あわせ漢字ができたらそのカードをもらえます。

- 成功したら、続けてチャレンジできます。
- 失敗したら、めくったカードをそのまま裏返しにもどします。

つぎの人にチャレンジ権が移ります。

④すべてのカードがなくなった時点で、取った枚数がいちばん多い人が勝ち。

「たれ」と「にょう」の漢字一覧

部首	漢字	学習学年
がんだれ	原	2年
	厚	5年
まだれ	広	2年
	店	2年
	度	3年
	庫	3年
	庭	3年
	底	4年
	府	4年
	康	4年
	序	5年
	庁	6年
	座	6年
やまいだれ	病	3年
	痛	6年
しかばね（しかばねかんむり）	局	3年
	屋	3年
	居	5年
	属	5年
	尺	6年
	届	6年
	展	6年
	層	6年

部首	漢字	学習学年
えんにょう	建	4年
	延	6年
しんにょう（しんにゅう）	近	2年
	通	2年
	週	2年
	道	2年
	遠	2年
	返	3年
	送	3年
	追	3年
	速	3年
	進	3年
	運	3年
	遊	3年
	辺	4年
	連	4年
	達	4年
	選	4年
	述	5年
	逆	5年
	退	5年
	迷	5年
	造	5年
	過	5年
	適	5年
	遺	6年
そうにょう	起	3年

*—— 左右型・上下型の学年別
漢字一覧は116ページにあります

漢字ビンゴゲーム

上下型・左右型のあわせ漢字を作って遊ぶ、カードゲームです。

❖作り方

素材にするあわせ漢字を、
対象年齢や学年に応じて24文字選んでください。

①厚めの紙に、下の図のように、
25のマス目を書きます。これが台紙です。

②1マスの半分の大きさのカードを24枚作ります。

③左右型の場合は、
台紙の各マス目の左半分に「へん」（または左半分）を、
カードに「つくり」（または右半分）を書きます。
上下型の場合は、
台紙に「かんむり」（または上半分）を書き、
カードには「あし」（または下半分）を書きます。

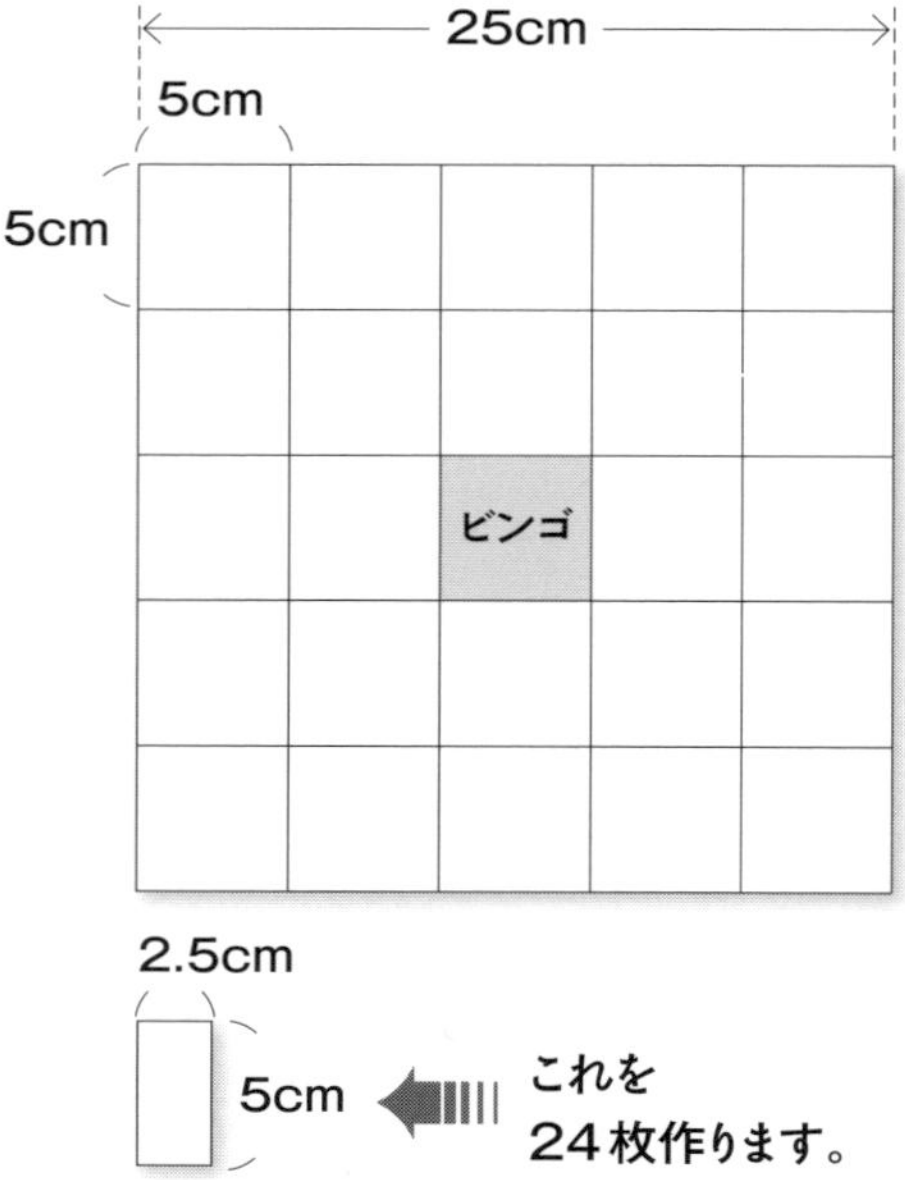

＊——素材の漢字は、116ページに学年別の一覧表がありますので参考にしてください。

❖遊び方（2～4人で遊ぶ場合）

①カードをよくきって、裏返しに置きます。

②カードを順番に1枚ずつめくって、
当てはまる場所に置いていきます。

③タテ・ヨコ・ナナメの1列がそろう
最後のマス目をうめた人が、ビンゴ1点獲得です。
一度に2列そろうダブルビンゴなら
2点、3列そろうトリプルビンゴは3点獲得です。

④カードがなくなったときに、
獲得したビンゴの数で勝敗をきめます。

・わからないときは、カードをわきに置きます。

・まちがった場所に置いたときは、
最後にマス目がそろわなくなります。
正しいカードが出たとき、そこで気づくかもしれません。
そうしたことも利用しながら、
それぞれルールをきめて遊んでみてください。

・1人で遊ぶ場合は、すべてのマスをうめてください。

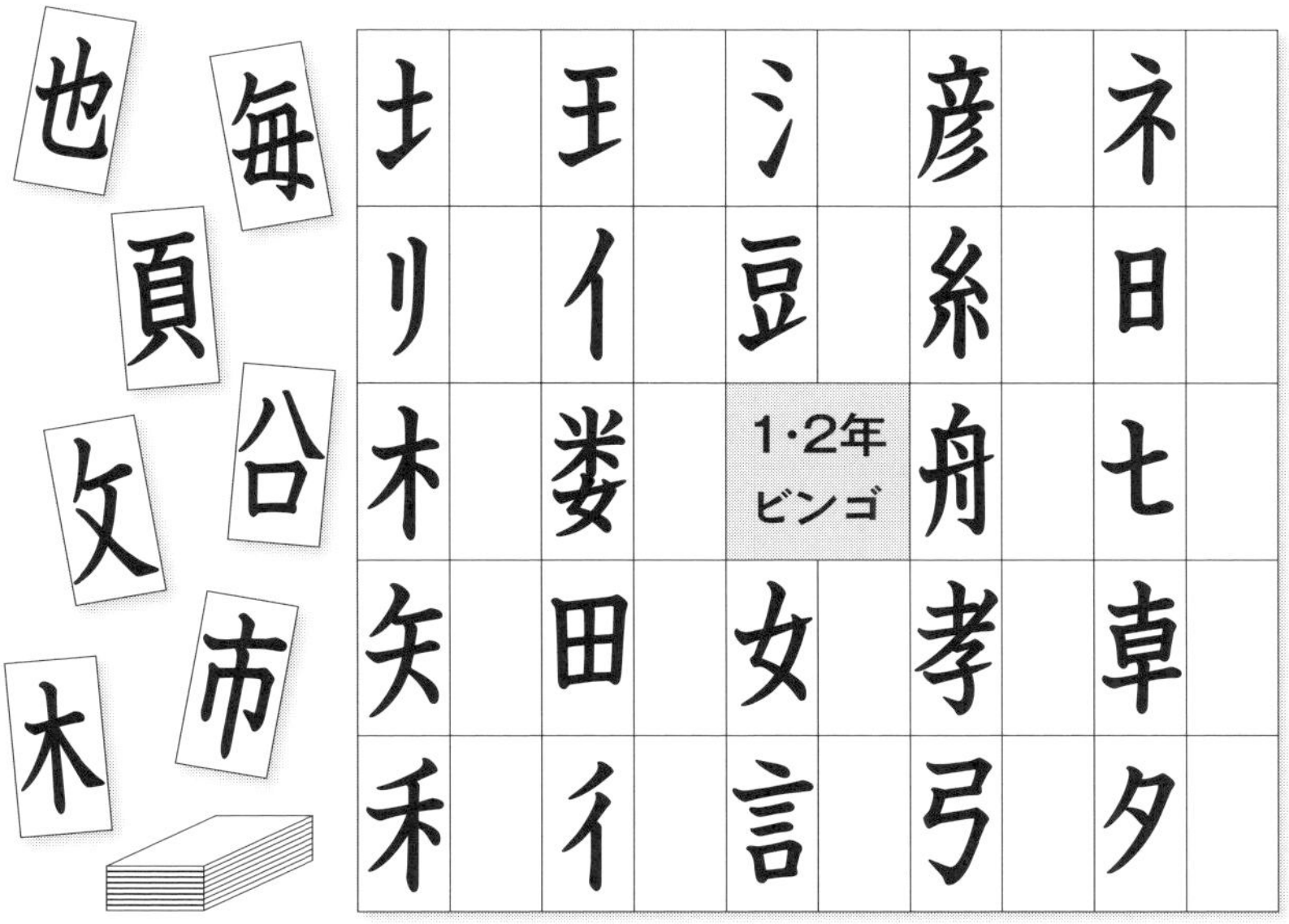

ネ 日 七 卓 夕
彦 糸 舟 孝 弓
氵 豆 1・2年 ビンゴ 女 言
王 亻 娄 田 彳
土 刂 木 矢 禾
也
毎
頁
㕣
文
市
木

＊——24枚の文字カードに、「ハズレ（1回休み）」と書いたカードを加えると、さらにゲーム性が増します。

【1・2年生の漢字——左右型の例】

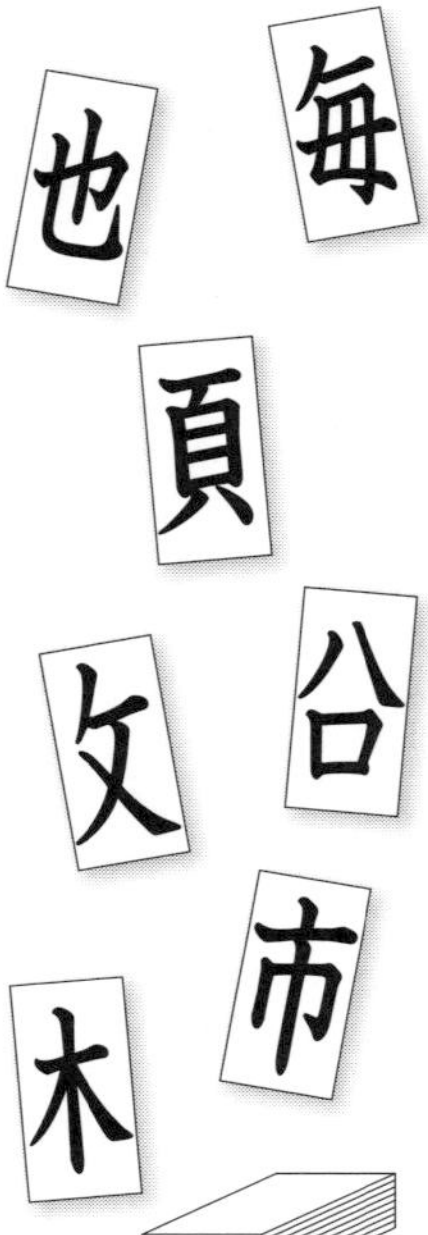

土		王		氵		彦		礻	
リ		亻		豆		糸		日	
木		娄		1・2年ビンゴ		舟		七	
矢		田		女		孝		卓	
禾		彳		言		弓		夕	

完成すると…

土	也	王	里	氵	毎	彦	頁	礻	土
リ	帚	亻	可	豆	頁	糸	会	日	寺
木	木	娄	文	1・2年ビンゴ		舟	公	七	刀
矢	口	田	丁	女	市	孝	文	卓	月
禾	火	彳	亍	言	十	弓	丨	夕	卜

台紙に「つくり」（右半分）、カードに「へん」（左半分）を書くと、同じ漢字を使って二通りで遊ぶことができます。

［1・2年生の漢字——上下型の例］

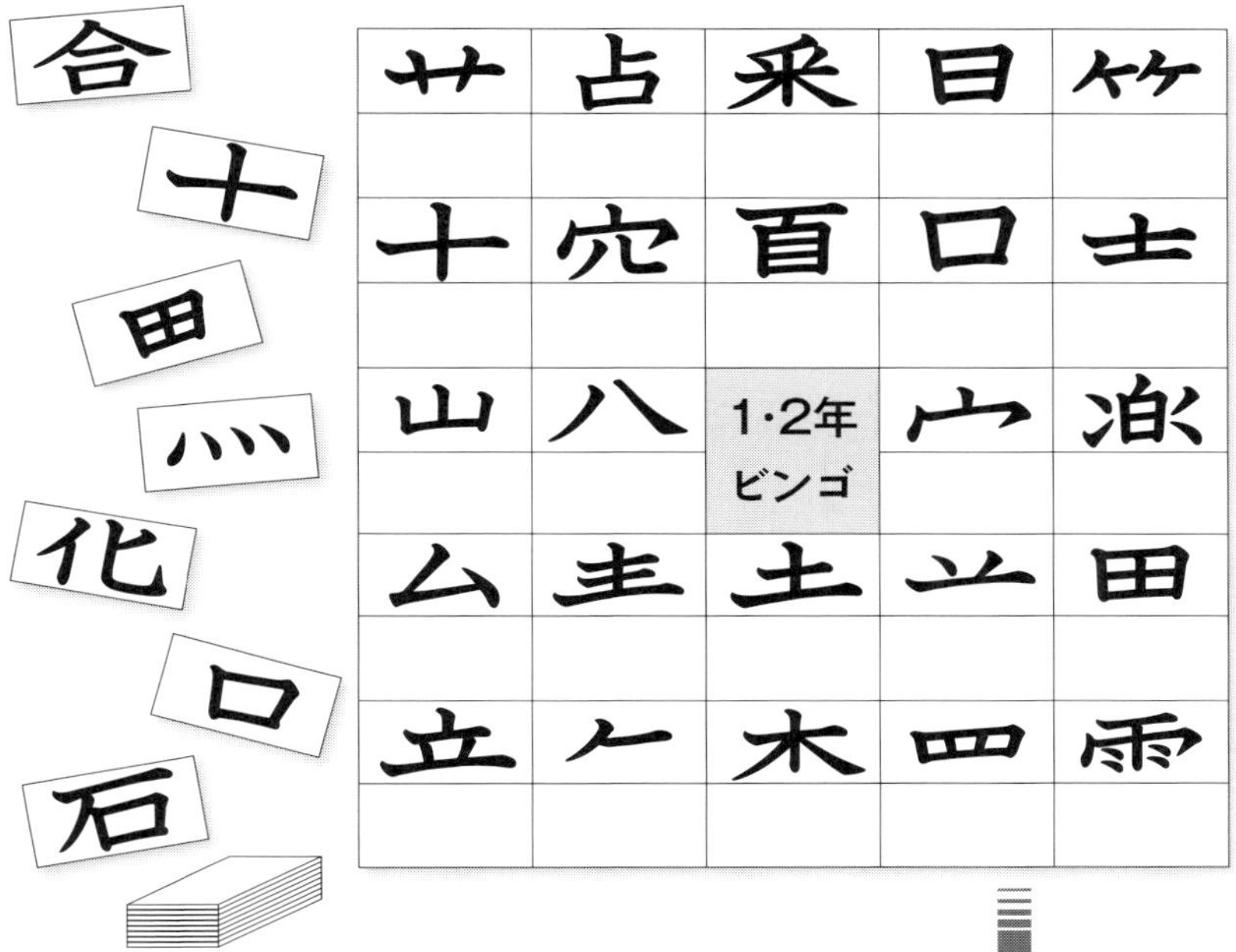

完成すると…

台紙に「あし」（下半分）、
カードに「かんむり」（上半分）を書くと、
同じ漢字を使って
二通りで遊ぶことができます。

【3年生の漢字】

左右型の完成形（例）

木	黄	馬	尺	食	欠	阝	完	日	音
糸	及	其	月	氵	巷	石	开	車	圣
言	周	扌	旨	3年ビンゴ		亻	吏	金	艮
耳	又	礻	申	彳	寺	文	寸	方	𠂉矢
⻊	各	咅	阝	重	力	矢	豆	且	力

上下型の完成形（例）

癶	立	⺮	山	宀
豆	里	寺	灰	疋
相	廿	敕	艹	禾
心	日	正	葉	女
口	𠫓	3年ビンゴ	田	土
貝	月		介	ム
日	冖	穴	羽	目
者	与	九	白	六
⺷	曲	隹	マ	夕又
大	辰	木	丁	示

【4年生の漢字】

左右型の完成形（例）

畐	刂	亻	更	火	丁	車	侖	月	𠂢
米	分	金	录	彳	走	青	争	冫	令
貝	攵	氵	谷	4年 ビンゴ		舟	亢	貝	宁
木	毎	糸	勺	孑	系	竟	竟	禾	責
十	尃	牛	攵	阝	豕	飠	反	礻	兄

上下型の完成形（例）

安	㤅	夂	艹	宔
木	夂	口	牙	口
尚	⺮	禾	刑	羊
貝	官	子	土	食
旧	然	4年 ビンゴ	主	奴
儿	灬		母	力
⺍	今	覀	望	亦
見	心	示	王	夂
生	罒	田	尚	⺈
口	直	月	土	尹

【5年生の漢字】

左右型の完成形（例）

氵	寅	木	⺍女	忄	夬	目	艮	言	午
禾	呈	糸	充	阝	方	土	匀	君	羊
迷	斤	扌	員	5年 ビンゴ		金	戋	礻	且
飠	司	犭	㔾	半	刂	月	巴	彳	㥁
衤	复	ム月	𠤎𠤎	矛	务	令	頁	田	各

上下型の完成形（例）

ム	曰	⺍	加	宀
廾	勿	呂	貝	奇
林	夂	淮	圭	曰
示	木	十	糸	恭
道	𦍌	5年 ビンゴ	巛	𠂎刀
寸	我		火	田
能	曲	制	埶	关
心	豆	衣	力	刀
十	尚	代	六	罒
又	巾	貝	皿	非

【6年生の漢字】

左右型の完成形（例）

石	兹	阝	章	衤	甫	良	月	舌	乚
身	寸	丬	寽	月	𡿺	亻	憂	谷	欠
礻	見	糸	屯	6年ビンゴ		扌	手	幺	力
[illegible]	殳	金	十	米	唐	日	免	木	奉
氵	先	丩	又	倉	刂	禾	必	言	侖

上下型の完成形（例）

龹	冎	羽	宀	亡
己	月	立	由	心
龵	不	臣𠂉	叀	成
目	口	見	寸	皿
敬	罒	6年ビンゴ	酋	耳
言	者		寸	王
任	次	虫	莫	艹
貝	女	貝	巾	右
尚	⺮	田	明	血
儿	束	共	皿	乑

漢字ジグソーパズル

― 上下・左右、すべてのあわせ漢字ができるようにカードを並べるゲームです。

9枚(3×3)、16枚(4×4)、25枚(5×5)と、数が増えるにしたがって難易度が増します。

❖作り方(9枚の例)

厚めの紙を6センチ四方に切り、並べて、下の図のように漢字を書きます。(左右型と上下型の文字の色を変えると、わかりやすくなります。)

*――素材の漢字は、116ページに学年別の一覧表がありますので参考にしてください。

❶

外側の端がまだあいています。

(2年生の漢字の例)

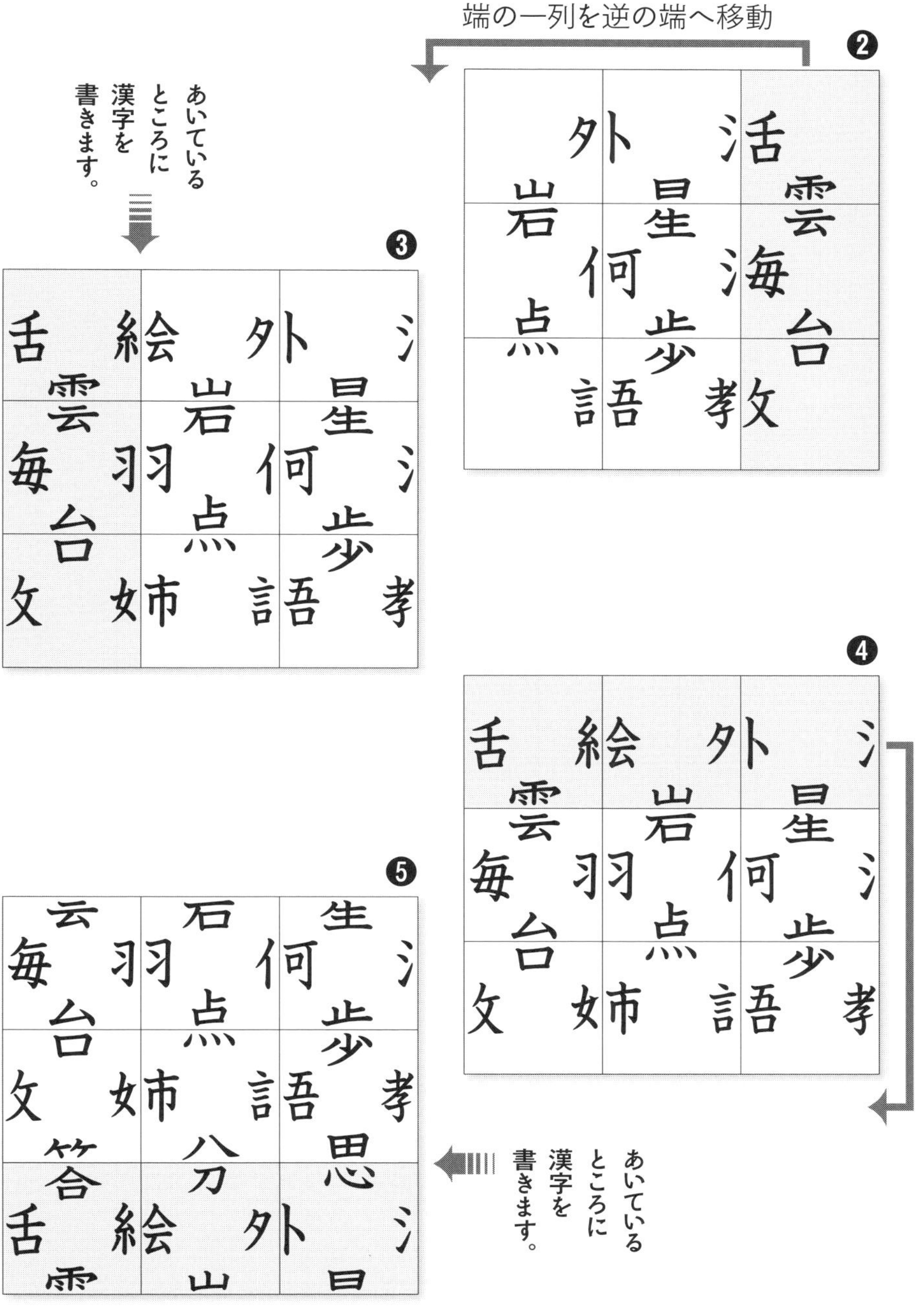
端の一列を逆の端へ移動
❷
あいているところに漢字を書きます。
❸
❹
上の一列を下へ移動
❺
あいているところに漢字を書きます。

バラバラにすると、こんな感じです。

【扱った漢字】（2年生の18字）

絵・外・活・羽・何・海・姉・語・教・岩・点・思・星・歩・分・雲・台・答

【3年生の漢字の例】

9枚

16枚

【4年生の漢字の例】

9枚

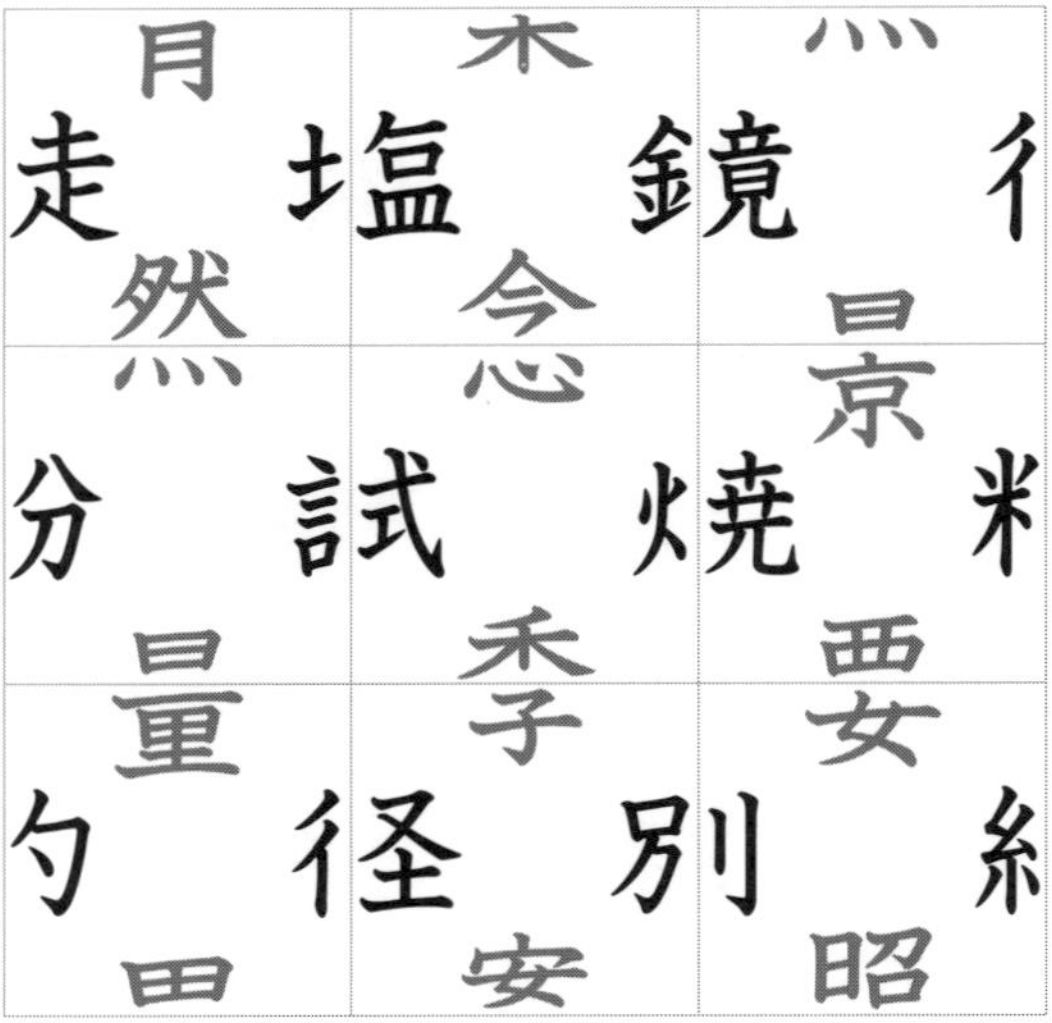

16枚

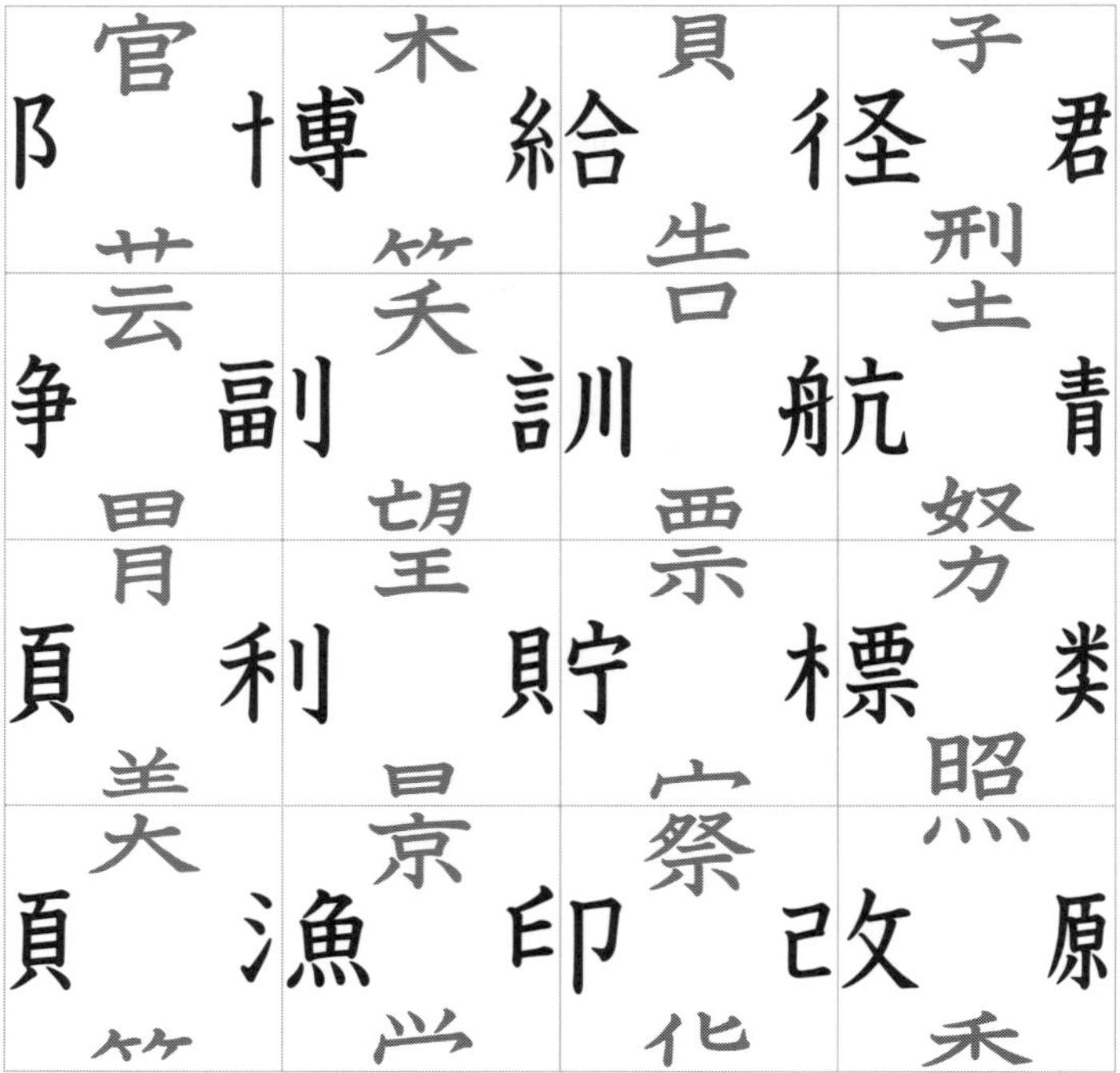

【5年生の漢字の例】

どこに入るでしょうか。挑戦してください。

白川文字学と漢字学習❸

子どもも親もお年寄りも、遊んで学ぶ漢字教室

Column

●好きになれば、子どもは自分でどんどん学ぶ

室内に子どもたちの歓声が響く。子どもに負けて苦笑いする親がいる。親に負けて悔しがる子どもがいる。古代文字をジェスチャーで表現するお年寄りがいる……。私の漢字講座でよく見られる光景です。また、帰りぎわには、「今日は楽しかった。また、お願いします」とか「先生の講座は、ぜんぜん眠たくならない。いい勉強をさせてもらった」などと、うれしい言葉をかけていただくことがあります。

私の講座では、むずかしい内容の説明ももちろんありますが、できるだけクイズやゲームの要素をとりいれ、年齢層に応じて楽しく受講できるように工夫しています。

「漢字の勉強は楽しいですか？（楽しかったですか？）」という質問をしたら、多くの人が、「漢字はむずかしいし、覚えるのが面倒だからきらい（きらいだった）」と答えるのではないでしょうか。漢字を学習する際には、形・読み・意味・書き順・画数・部首などを覚えなければならず、また、同音異字や同訓異字がたくさんあることで、文字の使い分けがむ

ずかしく、漢字ぎらいをさらに助長している気がします。ところが、逆に漢字のこれらの特長を利用して、クイズやゲーム的な要素を取り入れることで、だれもが楽しく学習することができ、漢字を好きになっていきます。

ときおり、講座の参加者のなかに、就学前の小さいお子さんがまじっていることがあります。漢字どころか、ひらがな・カタカナでさえ読めないのではと思わせる幼児が、漢字の読み書きをスラスラできるのです。聞いてみると、「小学二年生までの漢字ならマスターしていて、いつも漢和辞典を読んでいる。なによりも漢字が大好きだ」とのこと。よくテレビなどで、世界の国名や首都名、国旗、あるいは電車の名前などに詳しい小さな博士が紹介されることがありますが、こうした子どもたちに共通するのが、それらの対象に興味があり、大好きだということです。好きになれば、みずからすすんでいろいろな知識を身につけようと努力するのです。

漢字のもつ面白さを伝えたい。漢字に興味をもち、好きになってもらいたい。——そのためにどうしたらよいかといつも考えながら、さまざまな取り組みをしてきました。

◉この本に紹介している漢字あそびについて

講座の内容のなかで、どの年齢層の方にも人気があるのが、古代文字を使った「動物漢

column

字クイズ」（24ページに掲載）です。

三千年以上前の古代中国人が、それぞれの動物を見て、その特徴をとらえて表した文字であるということがよくわかります。はじめは、わかりやすい動物の古代文字を集めた問題を出し、後半には迷いそうな問題を集めて出します。多くの人が、「豚」と「兎」の甲骨文字を逆にして間違え、悔しがるパターンになります。「豚」の古代文字のお腹にある部分が、いまの漢字の「月（にくづき）」になっているということを説明すれば、納得してもらえます。

また、ゲーム内容は単純ながらいつも盛り上がるのが、「画数じゃんけん」（5章に掲載）です。画数一覧表を渡し、自分で選んだ漢字をカードに書いてもらうことから始めます。書きながら、画数を意識することができるわけですが、大人のなかには、それまで「世」を四画で書いており、五画だと知って驚く人が多くいます。こうしたカードゲームを自作する場合は、机間を巡りながら、「すごくていねいに書いていますね」など、いいところをかならずほめるよう意識しています。

ほかにも、会意文字や形声文字を利用し、漢字を上下や左右で半分に分けてバラバラにして、パズルや神経衰弱で遊んだりもしています（4章に掲載）。このとき、小学生にとって未習の漢字があるとゲームが成り立たないため、何年生の漢字を使っておこなうゲームなのかをかならずカードに明記しておきます。そして、遊び方がよくわかったところで、今度は資料の漢字表から漢字を選んで、自分でゲームを作成します。人から与えられたゲームをする以上に、自分でゲームを作って遊ぶということは楽しいようです。

資料の漢字表に部首名を記入しておけば、自然に部首を意識して作るようになります。また、作っているうちに、「想」や「箱」など、同じ形の部分が上にあったり下にあったり、「静」や「清」など、左にあったり右にあったりする漢字があることにも気づき、そうした漢字を意識してゲームに取り入れることができるようにもなります。

◉子どもからお年寄りまで、みんな楽しく漢字で遊べる

老人会によばれたときのことです。普段は健康をテーマにした話や健康体操をしているということを聞き、人の姿からできた漢字のクイズをしたあとに、身体を使って古代文字を表現してもらう内容をとりいれました（36ページに掲載）。

このジェスチャークイズでは、それぞれの古代文字の形を覚え、指示された古代文字の形を間違えず表現しなければなりません。ジェスチャーができそうな古代文字として、「人」「大」「立」「天」「交」を選びました。

「『人』は、横を向いてやや前かがみになって両手を下に伸ばしましょう」「『立』は、少

し腰を落として、踏んばってください」など、ひととおり練習したあとで、ジェスチャークイズを始めます。私が言う漢字の古代文字をできるだけ早く表現しようと、みなさん必死にがんばってくれます。とくに「交」のときは、両手を広げ、足を交差させて、膝のあいだを開いて腰を落とす形になり、かなりのバランス感覚が必要となります。問題を言う間隔を徐々に短くしていくことで、とてもよい運動にもなります。

また、白川博士が、七十二歳を過ぎてから、十年計画で字書を三冊作るという目標を立て、八十六歳で完成させたこと、百二十歳まで生きる計画を立てておられたこと、毎日規則正しい生活をし、楽しみながら仕事に取り組んでいたことなどを話したところ、生きがいをもって暮らすことの大切さを感じとってくださいました。

福井県がおこなっている「白川文字学」を活用した漢字学習では、新出漢字をただ「見て、書いて、覚える」という単調な学習ではなく、漢字を成り立ちから学び、漢字どうしのつながりを理解することで、子どもたちの知的好奇心を刺激し、学ぶ意欲を向上させています。また、クイズやいろいろなゲームを通して漢字に慣れ親しむ方法は、たいへん効果的であると思います。

「楽しみながら遊んでやろう」——これが漢字力向上の秘訣にちがいありません。

5章

画数あそび

画と書き順を書きとりで
おぼえさせられるのは、
もうたくさん。
画数を武器にカード対戦をしたり、
画数ピラミッドを完成させたり。
空中に文字を書いて画を
確認しながら遊んでみてください。

画数じゃんけん

どっちのカードが強いかな？　ゲームをしながら「画」がバッチリ身につきます。

漢字の画数を利用した、カードの対戦ゲームです。
一回ずつ画数を確認しあうので、自然と画が身につきます。
2～4人で遊ぶのに適しています。

❖作り方

①素材にする漢字を、学年に応じて36文字選びます。
1画の「一」から、最大の画数の漢字までを使ってください。

②厚紙をトランプ大に切って、36枚のカードを作ります。

③1枚に1つずつ漢字を書きます。

カードセットの例（1・2年生の漢字）

1画	2画	3画	4画	5画	6画	7画	8画	9画	10画
一	七刀	下口	月戸引	玉本白	耳気早年	車男村赤	学空金雨	草海音	帰馬

11画	12画	13画	14画	15画	16画	18画
強船	絵	遠	鳴	線	親	曜

❖遊び方

❶カードをうら向きに同じ枚数ずつ配ります。

❷「画数じゃんけんぽん！」でカードを1枚出しあいます。

❸画数を確認しあって、いちばん多かった人がカードをもらいます。
・取ったカードは下においておきます。
・一度出したカードはもう使えません。
・あいこのときは、じゃんけんで勝敗をきめます。

❹ぜんぶのカードを出しおえたときに、獲得したカードがいちばん多い人が勝ちです。出す順番を考えて作戦を練っても面白いと思います。

画数ピラミッド、画数ダイヤ、画数ツリー

総画数をたしかめながら、マス目に合うカードを置いていきます。

❖作り方

5センチ角の漢字カードと、
それを置くマス目の台紙を作ります。
ピラミッド型（15枚）、ダイヤ型（16枚）、
ツリー型（20枚）などで楽しめます。

❖遊び方

カードに書かれた漢字の画数を数えて、
あてはまる数字の場所にカードを置きます。
1のところにはかならず「一」が入ります。
2のところには2画の漢字を、
3のところには3画の漢字を……と置いていって、
カードをぜんぶ置いたら、
漢字のピラミッド、ダイヤ、ツリーができあがります。
まちがった場所に置いたときは、
最後にマス目がそろわなくなります。
そのときは、ゆっくり時間をかけて見直してみましょう。

【画数ピラミッド】（1セット15枚）

画数ピラミッド
数字と同じ画数の漢字をマスの上に置きましょう。
・1年生中心の漢字
一
九
3
4
出
6
赤
雨
9
10
強
12
13
14
15
草

1画 一　2画 九　3画 大　4画 手
5画 出　6画 字　7画 赤　8画 雨
9画 草　10画 校　11画 強　12画 森
13画 数　14画 聞　15画 線

（1年生中心の漢字の例）

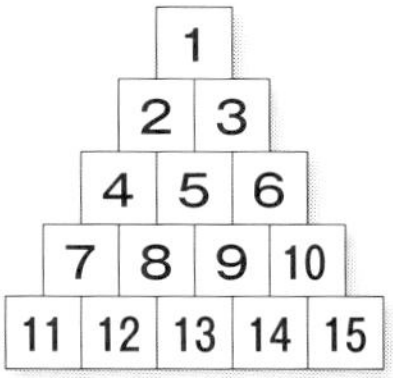
1
2 3
4 5 6
7 8 9 10
11 12 13 14 15

5センチ

【画数ダイヤ】（1セット16枚）

数字と同じ画数の漢字をマスの上におきましょう。

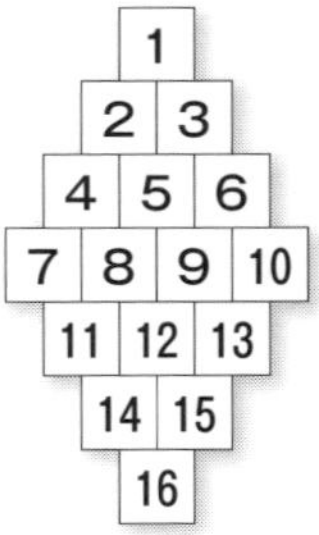
1
2 3
4 5 6
7 8 9 10
11 12 13
14 15
16

一 1画

万 2画

子 3画

切 4画

母 5画

糸 6画

麦 7画

画 8画

音 9画

夏 10画

強 11画

朝 12画

園 13画

歌 14画

線 15画

頭 16画

（1・2年生の漢字の例）

【画数ツリー①】（1セット20枚）

同じ画数の漢字が複数枚あります。

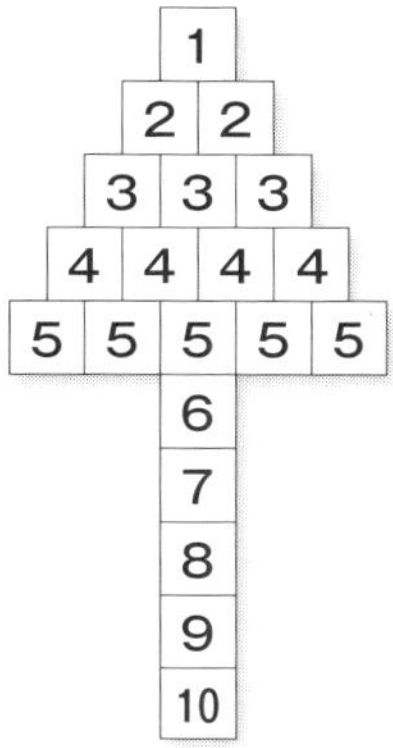

一 1画
丁 2画
刀 2画
丸 3画
万 3画
弓 3画
予 4画
区 4画
反 4画
化 4画
氷 5画
仕 5画
写 5画
皮 5画
他 5画
向 6画
医 7画
事 8画
級 9画
庭 10画

（3年生中心の漢字の例）

【画数ツリー②】（1セット20枚）

数字と同じ画数の漢字をマスの上に置きましょう。

1
2 3
4 5 6
7 8 9 10
11 12 13 14 15
16
17
18
19
20

1画 一
2画 刀
3画 士
4画 氏
5画 必
6画 衣
7画 囲
8画 協
9画 浅
10画 残
11画 健
12画 最
13画 愛
14画 漁
15画 熱
16画 機
17画 績
18画 観
19画 願
20画 議

（4年生中心の漢字の例）

【画数ツリー③】（1セット20枚）

画数の多い文字だけのツリーに挑戦！ぐっとむずかしくなります。

張 11画　備 12画

報 12画　幹 13画

夢 13画　解 13画　構 14画　酸 14画

複 14画　演 14画　暴 15画　確 15画

賛 15画　編 15画　導 15画　燃 16画

績 17画　織 18画　識 19画　護 20画

（5年生中心の漢字の例）

上下型・左右型の漢字表（小学校学年別）

＊――分けやすい漢字を選んでいます

【上下型】

学年	漢字
1年生	空森花草字学男先
2年生	雪雲電書室家考分楽茶古台思声売夏寺番答算歩元兄光春星岩点
3年生	究安守実定客宮宿寒者委負苦荷葉落薬号員急息悪悲意感想祭農界第笛等筆箱章童育発登習昔暑美集整去岸写

4年生	置最完官害察老貨費賞要栄案芸英芽菜各告軍季念量票養変笑節管努労勇型堂挙毒胃児兵景覚省然照熱
5年生	罪素容寄富妻責貧賀貸貿資賛質券条査弁志恩態製益禁導留築勢営基墓布常易暴災義豊夢
6年生	窓署宇宅宗宙宝宣巻姿貴賃染若著蒸蔵否警孝忘忠憲装盛盟皇専尊異筋策簡衆党背翌幕暮泉覧蚕看熟

【左右型】

1年生	村林校町休
2年生	紙細組絵線頭顔新姉妹切後歌計記話語読野池汽 海活形社理朝地場鳴何作体科秋北明時晴曜船教 数親知外引強
3年生	路研級終緑練物駅都部始鉄銀板柱根植様横橋役 待味和転軽次院階陽詩談調決泳注波油洋消流深 温湖港湯漢礼神福飲館対畑球助動期服坂打投指 持拾所配化仕他代住使係倍秒帳昭暗酒放取相短 列
4年生	静紀約給結続牧特験順類願郡好貯初残録鏡札材 松梅械極標機径徒得唱輪陸隊孫粉訓試説課議泣

治法浅浴清満漁祝協博飯的辞加功塩折料脈腸冷
付仲伝位低例信便候借健側停働億種積灯焼昨印
航改救敗散戦殺観別利刷副

5年生

破確経絶統総綿編績織状預領額断婦財版鉱銭銅
枝桜格検構往復徳輸犯独防限険際精複許設証評
講謝識護河液混減測演潔祖飼耕略現効均境増解
技招採授接提損酸肥仏仮件任似価保個俵修備像
移税程群燃雑故政敵職規眼張快性情慣刊判制則

6年生

砂磁幼紅純納絹縦縮頂郷郵針鋼机枚株棒模権樹
律従吸呼欲降除陛障糖補討訪訳詞誠誤誌認諸誕
論沿洗派済源潮激臨射就勤朗城域乱乳批拡担拝
捨推探揮操肺胸脳腹臓仁供値俳傷優私秘映晩暖
難敬段収視刻割創劇

解説　市民向け「漢字あそび」の実践から生まれた本　伊東信夫

●「白川文字学の室《へや》」開設をきっかけに

白川静博士が文化勲章を受賞され、福井県立図書館に「白川文字学の室《へや》」という資料室が設置されました。そのことによって、初めて漢字学の内容が一般の人びとの目に触れる状態ができあがりました。

そのころ、白川博士から一通の手紙が私に届きました。その概要は、「〝文字学の室《へや》〟は多くの小学生が遠足に来るところですので、あなたの作った資料もひとそろい送っておいてください」というものでした。

私は長年、漢字を楽しく、また体系的に学ぶための本やカルタなどの制作にたずさわってきました。それらは「従来の字書の説明では正しい漢字の学びはできない。白川文字学に依拠したものでなければならない」という考えで作られたものです。白川博士に直接ご指導を仰ぐ機会にも恵まれました。それで、「白川文字学の室《へや》」のお知らせをいただいたのです。

さっそく手作りの漢字あそびのカード類や、ワークブックなどを段ボールに入れて福井県教育庁生涯学習課あてに送ったところ、当時の担当であった山田淑美主任が、すみずみまで目を通してくださいました。また、西川一誠福井県知事も、「白川文字学は、小学生の漢字教育に適用されるものでなければならない」という考えでありました。

漢字の学びには、字書によってその意味を知ったり、先生の説明によって学ぶだけでなく、「漢字あそび」によって学ぶ、という側面があります。そしてまた、漢字の学びは、学校のなかだけで成り立つものでもありません。一般の社会においても、それぞれの家庭においても、りっぱに成り立つものです。漢字は、カルタやカードゲームなどの〝遊び具〟になるものだからです。しかもそれは手作りできるものですから、福井県の生涯学習課は、またたくまに漢字あそびを作ってしまいました。

◉福井県「漢字あそび大会」の誕生

漢字あそびの材料を飾りものにしておくわけにはいきません。漢字あそびのカードやワークブック作りの講座が、生涯学習講座の一環として開かれました。

装置にカードを入れると、それが反転して出てくる仕掛けの教具（ブラック・ボックス）の製作講座もおこなわれ、人気を博しました。カードの表と裏の対応関係で、漢字のつゝながりと構造が理解できるものです。

このようにして漢字あそびの道具が整えば、必然的にこれを一般の方々にも公開し、直接手にとってもらい、漢字カルタやトランプあそびをやってもらおう、ということになります。そのようにして、福井県の「漢字あそび大会」が始まったのです。

始めてみますと、それはそれは、毎回が大好評でした。参加するのは子どもたちだけではありません。お父さんやお母さん、また多くのおじいちゃん、おばあちゃんと連れだってやってきます。畳表の敷かれた広い会場では、一日中、漢字ゲームが繰り広げられます。また、会場の片隅には、自分や家族の名前の文字を古代文字で短冊に書いてもらえるコーナーがあり、書いてもらいながら、その文字の由来について説明を聞くことができます。講座の終わる時間まで行列ができて、一刻も途切れることがありませんでした。

「漢字あそび大会」は年に数回開催され、また、ほかにもさまざまな講座や漢字教室が開かれ、多くの参加者が楽しんでいます。

●だれでも楽しく深く学べる教具への発展

そうした「漢字あそび大会」や白川文字学にもとづく漢字講座の担当として、二〇〇九年よりその実践に取り組んできたのが、この本の著者、今村公二さんです。

今村さんはたいへん熱心に取り組んで、漢字あそびの内容や教具を一つひとつ丹念に、また緻密に作り直しました。さらに、パソコンを駆使して講座内容を視覚的に演出し、だれでも楽しく漢字について知ることができるように工夫されています。

それらは、一つひとつの文字の成り立ちとともに、その文字が漢字の全体構造とどう関わり、つながりあっているかまでを伝える内容になっています。子どもはもちろんのこと、親や先生、そして祖父母世代まで、幅広い年齢層に漢字のおもしろさを伝える仕事を、今村さんはやってのけてしまったようです。

それらの漢字あそびを、いつでもどこでもできるように紙面に表現したのが、この本に展開されている内容です。漢字はあそびで学べるのです。

以前、白川博士の目の前で、自作した漢字あそびのカード類を操作してお見せしたとき、先生はひと言、こうおっしゃいました。

「孔子さんも遊びの名手でしたからねえ」

福井県で育ったこの実践が、本書をとおして全国のみなさんの「宝」として共有されることを熱望するものであります。

（日本語教育・漢字研究家）

あとがき

私は、平成二十一年度より四年間、福井県教育委員会で白川文字学の普及事業を担当させていただきました。一般に事業の担当者は主催者として、講師を探して講座などの依頼をするなどのマネジメントをおこなうのでしょうが、元来凝り性で中学教師でもあった私は、自分自身が解説できるだけの知識を身につければ、もっと手軽に講座が企画できると思い、その内容のおもしろさも手伝って楽しく勉強し、講師を務めることができるまでになりました。おかげさまで、いろいろなところから講演の依頼がくるようになり、〝ハムー先生〟として県内外の学校や公民館などで出前講座などを数多くおこないました。

そのなかでつねに一番人気のある事業が、古代文字や常用漢字を使ったゲームやクイズで楽しく遊ぶ「漢字あそび大会」です。そこで体験してもらうゲームやクイズは、漢字研究家の伊東信夫先生（東京在住）の著書の内容を参考に、いろいろ工夫や改良を加えてコツコツと作ってきたものです。毎回この漢字あそび大会を楽しみに参加されている常連の方も多いので、「今回はどんなゲームが増えているのか」という期待に応えるために、回を重ねるごとに新しいゲームを加えていきました。漢字あそび大会で常設コーナーを担当していただいている伊東先生は、福井に来られるたびに、「こんなすばらしい取り組みをしているのは、日本中どこを探しても福井県以外には見当たらない」と言ってくださり、そして今回は解説をご執筆いただき、大変ありがたく思っております。

また、県外の教育関係者が見学に訪れたり、県外からわざわざ参加された方が、「福井県の学力が高い秘密は、こういったところにもあるんですね」と、感心されたりすることがありました。そんなときは、これまでの地道な取り組みが評価されたようで、本当に努力してきたかいがあったとしみじみ感じる瞬間です。

こうした取り組みを通じて、今回、本を出版する機会に恵まれました。私のまえに担当された生涯学習課の山田主任、下山主任がしっかり道をつくり、導いてくださったおかげです。あらためてお礼を申し上げます。

本書では、これまで私がおこなってきたさまざまな漢字あそびの内容を紹介させていただきました。ご家庭などでも作って遊べるように、作り方や作るときに必要な資料も用意してあります。福井県で人気のある漢字あそびが全国でおこなわれるようになれば、こんなにうれしいことはありません。ぜひ、作って遊んでいただきたいと思います。

楽しく遊びながら漢字に親しむことで、漢字の好きな人はますます好きに、漢字の嫌いな人は少しでも好きになっていただけたら幸いです。

二〇一三年春

今村公一

著者紹介

今村公一（いまむら・こういち）

福井県・中学校教員。一九六三年、福井県生まれ。二〇〇九年より四年間、福井県教育庁生涯学習・文化財課で「白川文字学」に関する講座の講師をつとめ、『白川静博士の漢字の世界へ』（福井県教育委員会編・発行、平凡社発売）の執筆を担当。さまざまな漢字カードゲーム等を考案・作成している。

作って遊べる、ずっと学べるパズルとゲーム

福井発　オモシロ漢字教室

二〇一三年五月二〇日　初版印刷
二〇一三年六月五日　初版発行

著者――今村公一
装丁――箕浦卓
イラスト――たかはさち
発行者――北山理子
発行所――株式会社太郎次郎社エディタス
東京都文京区本郷四-三-四-三階　郵便番号一一三-〇〇三三
電話　〇三-三八一五-〇六〇五　FAX　〇三-三八一五-〇六九八
http:www.tarojiro.co.jp/　電子メール　tarojiro@tarojiro.co.jp
印刷・製本――凸版印刷
定価――カバーに表示してあります
ISBN978-4-8118-0764-5　C0037

写真提供：Tomo.Yun［http://www.yunphoto.net］
（「動物漢字クイズ」の馬・亀・魚・鳥・犬・兎・豚）